インターネット・SNSトラブルの法務対応

弁護士
深澤諭史［著］
FUKAZAWA SATOSHI

中央経済社

はしがき

インターネット上の表現をめぐるトラブルが大きな話題となり，それが「炎上」と呼ばれることも，そしてテレビで連日報道されることも，全く珍しいことではなくなった。

誹謗中傷された個人の被害ももちろん深刻なものがあるが，それだけではなく，会社が被害者，そして加害者になってしまうケースも増えている。

企業の法務担当者にとって，ネットトラブルは難しい悩みの1つであろう。

ネットトラブルは通常の法的紛争よりも対応を誤りやすいこと，その上，対応を誤ると直ちに悪化しやすいという問題がある。さらに，弁護士に依頼するとしても，提供しなければならない情報が多く，また場合によっては，勝訴の見込みが十分あるのにもかかわらず，提訴を断念する等の難しい決断を迫られることも少なくない。

企業に関するネットトラブルは，他の紛争以上に，弁護士だけではなく企業の法務担当者の力量が大きく左右される案件であるといえよう。

本書では，ネットトラブルの実情や傾向，関連する法律の基本，そして有用な裁判例のほか裁判に至らない事案を極力網羅的に紹介する。また，企業法務の担当者にとってネットトラブルの予防と解決に必要な知識，いざ紛争になった場合に「勝つ」方法，弁護士の使い方も含めて解説する。

特にネットの表現に関する紛争で企業側が勝つためには，企業自身の事前の準備が極めて重要である。準備を怠ると，弁護士に依頼した時点では取り返しのつかないケースもある。

ぜひ，本書を通じてネットトラブルに備え，立ち向かい，そして勝つ方法を身につけていただきたい。

本書の執筆にあたっては，中央経済社編集部の石井様から多大なる協力を頂戴した。初期から，特に読者のニーズを踏まえた有益な視点を数多く頂戴した。

この場を借りて御礼申し上げたい。

　なお，本書で引用の URL は令和 2 年 1 月現在のものである。また，債権法改正の施行は令和 2 年 4 月 1 日に予定されているが，本書の条文は改正後のものによる。

　令和 2 年 2 月

弁護士　**深澤　諭史**

目　次

第2章 ネットトラブルの法的責任 ……………………… *29*

コラム目次

第 1 章

ネットトラブルへの
基本的な心構え

1 ネットトラブルが話題に

　ここ1，2年ほどネットトラブル（ここでは，インターネット上の表現に関するトラブルという趣旨で用いる）が話題になった時期はないのではなかろうか。書店には，ネットトラブルに関する書籍が並び，ニュースやドキュメンタリーで取り上げられ，さらに最近はドラマのテーマにすらなる時代となった。

　ネットトラブルが増加したのは，情報発信が非常に容易に，そして活発になったことが要因である。SNSをはじめとする情報発信のツールは非常に充実してきており，その使い勝手も，各社の熾烈な競争の結果，驚くべき勢いで改善している。情報発信のためのハードルはかつてないほどなく低くなったといえる。

　インターネット上の意見は，良くも悪くも本音であることが多い。この評価の真偽は別として，多くの人はそう考えている。だからこそ信用されやすく，その影響力は侮れない。

　企業もそれを利用するべく，自ら広報にSNSを活用し，さらにSNSを通じて消費者の意見を集め，加えて，消費者に自社やその商品サービスについて情報発信をすることを呼びかけるまでにもなっている。かつての「クチコミ」は，商品・サービスが完成後に，消費者同士が情報交換をしていたものであった。しかし今日においては，企業がそれに参画し，さらに，消費者の発信する情報が，リリース前の商品・サービスの提供内容に大きな影響を与えるまでになっている。

　当然，ネットが社会に与える影響が大きなものになるに比例して，ネットトラブルがその当事者に与える被害，負担する責任も大きなものになっている。

　企業もネットを広報等に利用していればもちろんネットトラブルに関わるリスクはあるということになる。あるいは，利用をしていなくても，消費者がその商品サービスの購入の参考にし，あるいは就職希望者が入社の参考にする以

上，絶対に企業はネットトラブルと無縁でいることはできない。

　本章では，企業のネットトラブルの現状を概観するとともに，他の法的トラブルとの相違や，企業の法務部がこの種のトラブルにおいて極めて重要な役割を担うこと，そのなかでその役割を果たすにあたっての心得や知識等について解説をする。なお，本書では類書にあまり見られない試みとして，企業の法務担当者が自ら対応に当たるコツだけでなく，外部の弁護士に依頼する場合の留意点や，さらに良い結果を得るための心得についても触れている。

··

コラム①

最近の流行

　最近のインターネット上の表現をめぐるトラブルで一番多いのは誹謗中傷，つまり名誉毀損である。このため，ネットトラブルといえば誹謗中傷，という時代が長く続いていた。

　匿名（これは完全な匿名を意味するものではなく，単に追跡が難しいというのが現実である）で誹謗中傷ができるというインターネットの特徴は，安全圏から一方的に攻撃できるということである。この特徴は，誰かに嫌がらせをしたい，憎悪の感情を満足させたい者にとっては好適なものであるといえる。

　ここ数年，誹謗中傷が最大多数という現状に変化はないが，新しい類型，特に企業に関するものが増えてきたというのが，被害者，投稿者双方の相談を受ける筆者の実感である。

　まず，個人関係でいうと，単に中傷するだけではなくて住所氏名を公開する，出会い系サイトを利用していることを暴露する，匿名で SNS を利用している者の氏名を公開するなどのプライバシー侵害が増えている。また，著名な個人について，なりすましをして，問題発言を繰り返す，というような巧妙な手口も増えている。これについては，自己が他者から同一性を混同されずに区別して認識してもらう権利として「アイデンティティ権」が裁判例上認められ，法的救済の途が開かれるに至った（大阪地判平28.2.8　判時2313号73頁）。

　企業関係では，フェイクニュースと「サクラ」ランキングの問題が増えている。

フェイクニュースとは，いわゆる嘘のニュースのことである。企業関係では，その商品やサービスについて，欠陥がある（たとえば，食品への異物混入など）など嘘の情報を流布されるというケースが増えている。特殊なのが，個人への中傷などと異なり，特別にその企業に恨みがあるわけではないということである。真っ先に競合他社の仕業かと思われるかもしれないが，実はそういうケースはむしろ稀である。単に「こんな怖い商品（サービス）がある」といって目立ちたい，注目を浴びたい，あわよくば広告収入を得たい，という程度の動機である。被害に遭った企業からすればたまったものではないが，この程度の動機で行われ，実際に大きな損害が発生するのが実情である。

　さらに，それよりも深刻で複雑なのが「サクラ」ランキングの問題である。これは，ネット上で商品・サービスのランキングを作り，あたかも何らかの評価や投票，公正に評価した結果であるかのように装っているが，実は上位（1位）のクライアントから広告料をもらっている，というものである。このランキングの「ターゲット」になったB to C企業の被害は深刻である。

　今日，ほとんどの消費者は何らかの商品やサービスを購入する場合，必ず競合と比較するし，それはインターネット上の比較情報を参考にすることが通常である。読者も商品・サービスの購入を検討するにあたって，「（商品名・ジャンル）　比較」などというキーワードで調べた経験があると思う。低いランキングに掲載された場合はもちろん，ランキングである以上，特に価格帯が近いのであれば，消費者は1位ばかりを選ぶことになるから「2位」であっても被害は生じることになる。

　このようなサイトは，SEO（Search Engine Optimization，検索エンジン最適化。目的のキーワードで検索された場合に検索結果の上位に表示されやすくする）対策も入念に行われている。そして「比較」というキーワードはよく検索で使われるキーワードであるから，商品・サービスの購入を検討している人のうち，相当数が閲覧することになる。

　こうした影響力の大きさを利用して，「1位」にしてもらう企業から広告料を受け取るケースや，悪質な企業になると自らサイトを製作している場合もある。このような行為は，ランキング下位に表示された企業に対しては名誉毀損罪（刑法230条1項）ないし信用毀損罪（刑法233条）が成立する可能性がある。また，実際よりも自己の商品・サービスが優れているかのように表示するものであるため，不当景品類及び不当表示防止法5条1号の「優良誤認」や，不正競争防止法2条20号に反するものとして違法行為ともなり得る（なお，ランキングサイトの表示について不正競争防止法違反を認めた事例として，大阪地判平31.4.11裁判所ウェブサイト）。

　なお，以前から「安定して」ケースが多く，そして近時，被害が深刻なのは「転職情報サイトへの否定的な投稿」であるが，これは次項以下で解説する。

② 企業のネットトラブルの現状

　コラム①では，ネットトラブルのごく最近の流行について触れたが，ここでは現状もっとも多い，おそらくは読者の方々も日常業務で対応を迫られることになるであろうケースについて，いくつか類型を挙げて解説する。

(1) 最多かつ最重要は転職情報サイトのトラブル

　現状おそらく最多であり，しかも企業にとって極めて悩ましいものが転職情報サイトにまつわるトラブルである。転職情報サイトに「ブラック」などと，自社の労働環境が劣悪であることを投稿されてしまうケースである。

　転職が当たり前であり，人手不足の昨今，転職情報サイトを閲覧してより良い条件の求人を探すのは全く珍しいことではない。良い条件の職場には良い労働者が集まるというのは当然の帰結であるから，各企業も求人活動にはしのぎを削っている。ここでいう労働者にとっての「条件」とは，賃金などの待遇はもちろんのこと，職場の空気，働きやすさ，昇進のしやすさなど，数値化できないものも入ってくる。これらは職場選びにおいて賃金に匹敵するほど重要である。企業の求人情報では，賃金の一端を知ることはできても，このような数値化できない部分はわからない。求職者にとってはとても重要な情報である。そこで転職情報サイトは，このような情報に関する「口コミ」を集めて，情報提供をしているのである。

　詳細は個別の解説部分に譲るが，商品やサービスに対する中傷と異なり，絶対的な情報量が少ないため（商品やサービスの購入者より，その企業に就職した経験のある者が，より数が少ないのが通常である），少ない投稿が求人活動に大きな影響を与える。

　また，転職情報サイトのトラブル対応は，弁護士だけではなく，企業の法務担当者の実力，そしてこれまでトラブル対策として実践してきた事前準備の適

否が大きく問われる（試される）分野である。筆者も弁護士として，企業，そして（元）従業員からもっとも多くの相談を受けるが，良かれと思って行った企業の対応がかえって事態を悪化させているのではないかと疑問を抱くケースが多い。

(2) 典型的な商品・サービスに関する投稿のトラブル

次に多いのが，典型的な商品・サービスに関する投稿にまつわるトラブルである。

企業への悪影響は転職情報サイトへの投稿ほどではない。これは，商品やサービスについての投稿は，良くも悪くも話半分に読まれるし，そもそもの分量が多いため，少しの情報が大きな影響力をもつことは滅多にないからである。

もっとも，消費者が購入前の商品・サービスについてネットで情報収集することはもはや一般的な行為になっており，その影響は侮れない。特に，飲食店や食品販売業における食品の腐敗や異物混入など，一般消費者が自分に直接被害が及ぶかもしれないというものについては話題になり，いわゆる「炎上」につながりやすい。

なかには，自社の商品やサービスの欠点を的確に指摘しており，企業側にとっても貴重な情報として参考になるものもあるかもしれない。しかし，投稿当初はそのようなものでも，それを閲覧した者がより面白くしようとして，話に尾ひれを付けるなど，結局は根拠のない誹謗中傷で埋め尽くされることがしばしばある。本書で繰り返し出てくる視点であるが，真実より嘘は面白く，真実は面白い嘘には勝てない，その前においては無力である。

大きく話題になる，報道されるなどしない限り，転職情報サイトのトラブルと比べれば，実害は大きくないことが多いが，従業員，特にその商品・サービスの担当者の士気を削ぐという点では，やはり軽視することのできないトラブルである。

⑶　多様化するネットトラブル

　以上に挙げた2つの類型の他にも，ネットトラブルは多岐にわたる。

　定期的に社会の耳目を集めるものとしては，いわゆるバイトテロがある。また，最近はバイト以外の正社員によるもの，さらに故意（わざと）に限らず過失（不注意）によって行うことも増えている。また，SNSに企業の公式アカウントを開設する，そして，それを利用して広告を行う，あるいは顧客と交流する・意見を聞く，ということも積極的に行われている。ところが，何気ない一言が，時には誤解を招いて反感を買うなどというケースも増えている。

　このように多様化するネットトラブルに対しては，その類型ごとに適切な対応を考える必要がある。詳細は，のちに解説するが，ここでは基本的な視点を提示しておきたい。すなわち，ネットトラブルであれば，どんなものであれ，次のような要素が組み合わさって成立している。

---

①　どのような情報か
②　その情報により企業のいかなる権利が侵害されているか
③　情報が掲載されている媒体は何か
④　情報の発信者は誰か
⑤　その情報は誰が閲覧しているのか

　法的な側面で見た場合，①②が特に重要である。また，③も，たとえば海外のSNSに情報が掲載された場合は，法的措置が有効かどうかを検討する上で重要である。

　逆に，④と⑤は，法的には（無視はできないが）さほど重要ではない。④についていえば，誰が発信者（投稿者）であっても違法な情報を発信すれば責任が生じることになるし，⑤についても，せいぜい損害賠償金額の多寡に影響するにすぎない。しかしながら，法的な側面を離れて，実害や今後の予防策，「裁判になったら勝つ」方策などを検討する観点からは，④と⑤は特に重要である。

3 企業のネットトラブルの分類

(1) 一定の視点をもつ重要性

　ネットトラブルといっても，さまざまな類型があるため，その特徴，被害，対処法をそれぞれに合わせる必要がある。

　これはネットトラブルに限ったことではなく，法的紛争すべてにいえることであるが，まずは，トラブルの各要素（前記2(3)参照）をよく確認していくことが重要である。要素ごとに分解して理解をすれば，担当者間，各部門で認識が共通化できるし，また議論をする助けにもなる。

　ネットトラブルは，いわゆる「炎上」など企業全体の問題になることもあるので，法務担当者が単独で判断できない（すべきでない）ケースも多い。したがって，関係者間の情報共有のためにも一定の視点をもって事態を分析することが重要である。

　以下では，前記2(3)の要素に従って分類をすることにする。なお，以下で解説する要素を考慮した具体的な対応方法や留意点の詳細は，第4章で解説する。

(2) ①：掲載されている情報は何か

　最初に注目すべきポイントである。一番多いのが企業に関する中傷であることはすでに述べたが，その他には，企業秘密の漏洩，あるいは，著作物（たとえば，自社に著作権のある書籍のコピーがインターネット上にアップロードされている場合など）の無断掲載なども増えている。

(3) ②：その情報により企業のいかなる権利が侵害されているか

　①と視点は類似するが，1つの情報で1種類の権利が侵害されている場合もあれば，複数の権利が侵害されている場合も珍しくないので，そのような観点に注目する。

　たとえば，転職情報サイトにパワハラやサービス残業が横行していると投稿された場合，企業の社会的評価を低下させるので名誉権が侵害されている（なお，名誉権やその侵害の概念等，詳細は第2章で解説する）。さらに，洗脳を目的とするようなひどい新人研修を強制されたという書き込みとともに，研修資料が添付されていた場合は，名誉権の他に，企業に著作権のある資料，つまり著作物が無断掲載されたため，著作権も侵害されている，といえる。

　複数の権利侵害があるほうが，法的措置においては有利である（権利侵害が認められる可能性が高くなる）。特に著作権侵害は，名誉権侵害よりも侵害が肯定されやすい（名誉権侵害はその表現について実質的な評価が必要である一方で，著作権侵害は掲載された情報が著作物であるかどうかという問題であり，それは掲載された情報と著作物を比較すれば比較的容易に判断できる）ので，同時に著作物であるかどうかは，注意して検討する必要がある。

⑷　③：情報が掲載されている媒体は何か

　掲載された媒体が何であるかは，法的に特に重要ではないが，被害算定や企業にとっての脅威度の予測には重要である。たとえば，転職情報サイトへの投稿は典型的で，掲載されている媒体のせいで情報が拡散し非常に被害が大きくなる。

　詳細は，第4章の解説に譲るが，転職情報サイトは転職希望者が閲覧するものであり，かつ，掲載されている情報は元勤務者の投稿である場合が多いので信用されやすい。そのため，被害は甚大なものになる。

　一方で，匿名掲示板の場合は，それほど被害が大きくないことが多い。匿名掲示板の全盛期であればともかく，現在は，さまざまなSNSが誕生しており，使い勝手も良好である。ただし，匿名掲示板の投稿であっても，多くはまとめサイト（社会のニュースのなかから，興味関心がもたれるだろう話題を集めて掲載しているサイトをいう。無断転載による著作権侵害や，名誉毀損に該当する情報の掲載などで法的紛争が生じることも多い）に転載され，それらまとめサイトのほうは悪影響を及ぼすことが多い。

また，Twitter や Facebook などへ掲載された場合，これらは投稿がそのまま Google 等の検索エンジンに表示されない（されにくい）仕組みになっている。したがって，継続的に投稿が続いている場合には悪影響が大きいが，そうではない場合，相対的に悪影響は小さい。

さらに，ブログなど個人サイトに掲載されるケースもある。これは影響力は千差万別であるが，有名サイトでない限り，検索でも発見しにくく，悪影響は少ないであろう。

【被害の大きい順】
まとめサイト＞ SNS ＞匿名掲示板＞個人サイト
※新規投稿が続いている場合は SNS がもっとも大きい被害をもたらす

なお，SNS が舞台になっている場合，企業の法務担当者に該当する SNS の利用経験がないときは，利用経験のある者にその SNS の性質，利用者層などを聞くことも重要である。

⑸　④：情報の発信者は誰か

ネットトラブルになる情報発信のほとんどは匿名で行われているため，「1人」に絞り込む意味での「誰か」はわからない。しかし，投稿された場所や状況，そして内容である程度，発信者の属性を推定することができる。

たとえば，転職情報サイトであれば，投稿者は（元）従業員である可能性が高い。商品・サービスに関する投稿であれば消費者であると考えるのが自然であろう。あるいは，（多そうに思えて実は滅多にない）競合他社などの競争者であるという場合もあり得る。

なかでも特に注意を要するのが，投稿者が消費者の場合である。消費者に対して，あまり強硬な法的手段，たとえば高額な賠償請求などをしたり，そこまでいかなくても，賠償請求等の書面に高圧的な印象を与える内容があると，さらなる「炎上」リスクがあるためである。商品・サービスに関する否定的な意

見を述べているとはいえ，少なくとも「顧客」なのであるから，あまり高圧的な対応をすると，その行為自体が企業に悪影響を及ぼす情報として流布されてしまうリスクがある。また，Twitter で多数のフォロワーがいるなど，影響力が高そうな顧客の場合も，前記と同じリスクがあるので，注意が必要である。

　さらに，他の投稿の内容（文章の内容が支離滅裂であるなど）から精神疾患を患っている可能性がある人物の場合，法的措置をとると激昂してさらに投稿を繰り返す，あるいは物理的な加害行為（企業に押しかけるなど）する可能性もあるので，この点も考慮する必要がある。

(6)　⑤：その情報は誰が閲覧しているのか

　脅迫と異なり中傷の場合は，その情報を企業が見るだけでは被害は発生しない。第三者が見ることで，その企業に対する評価が低下し，現実に被害が発生する。したがって，問題の情報が誰によって閲覧されているかは，その内容と同じくらい重要な要素である。

　たとえば，転職情報サイトの場合は，それを閲覧するのは求職者であり，一番閲覧してもらいたくない人に不適切な投稿を見られることとなり，悪影響は大きい。

　同様に，特定の分野についての情報を収集するまとめサイトの場合も留意する必要がある。たとえば，株価，企業情報に関するまとめサイトに自社の不祥事に該当するような事実が掲載された場合は，影響は大きいものとなりかねない。

　一方で，SNS であれば，閲覧者は一般的に消費者であるため，商品・サービスに関する中傷であれば被害は大きくなる。

(7)　B to C 企業と B to B 企業の区別

　前記2(3)で要素として挙げなかったが，自社が B to C（Business to Consumer の略。一般の消費者を顧客とすること）企業であるか，B to B（Business to Business の略。一般の消費者ではなくて企業を顧客とすること）

企業であるかの区別も重要になる。

　前者であれば，顧客は一般消費者なのであるから，一般の消費者からの見る目を気にする必要がある。要するに，対応方法が，第三者から見ても納得がいくか，理解や同情を得られるかどうか，という観点である。たとえ法的には正しくても，請求する賠償額が非常に高かったり，被害が僅少な案件で訴訟提起までしたりすると，社会的な非難を浴び，それが業績に悪影響を与えかねないためである。

　一方で，後者の場合にはそのような懸念はない。取引先は企業であり，継続的な取引であってネットの評判を見て取引を中止させられることは不合理であるし，ほとんど考えられない。また，新しく取引を始めるか検討している取引先企業から見ても，一般消費者のようにネットの情報を参考にすることはほとんど考えられない。

　具体例で考えてみよう。たとえば，炊飯器を買いたい一般消費者は，その炊飯器の評判をネットで調べて購入の参考にすることができる。しかし，炊飯器メーカーが炊飯器に取り付ける温度センサーをネットの評判だけを信頼して決めることはまずないだろう。では，B to B 企業であれば，ネットトラブルとは無縁といえるかというとそうではない。企業のネットトラブルで再頻出であり，もっとも被害の大きい転職情報サイトへの投稿トラブルの場合，B to C 企業であろうが B to B 企業であろうが，求人に支障が生じるという点は変わらないからであり，やはりネットトラブル対策は入念にする必要がある。

⑻　まとめ

　企業に対する中傷，特に商品・サービスのみならず，従業員や職場環境についての中傷が投稿されると，当事者はもちろん法務担当者も感情的になりやすい。通常，企業の法的紛争においては，（個人企業でもない限り）少なくとも企業側は冷静かつ合理的な判断ができることがほとんどである。しかし，ネットトラブルについてはそのように冷静な判断ができないことが珍しくない。

　筆者の経験上も，被害を受けた企業側の相談において，利害得失を説明し，

「悪いのは相手方であって，勝訴できる見込みも相当あるが，法的措置をとるのはデメリットのほうがより大きい」と説明をしても，担当者の理解を得ることに困難を感じたことがある。他の企業法務案件では，そのようなケースは滅多にないことと比べると特殊であるといえよう。要するにネット上の表現トラブルにおいては，企業を含めて誰しも冷静な判断が難しいケースが多いということである。

　また，筆者は投稿者側の弁護を担当することも多々あるが，合理的判断の期待できるはずの企業側であるにもかかわらず，企業側が勝ち取るのが難しい損害賠償額に固執されることも珍しくない。もちろん企業側には弁護士がついており，その請求金額が訴訟において認められる可能性は極めて低いとの説明を受けているだろうと思われる。やはりネットトラブルは企業（正確にはその法務担当者や役員）から，冷静な判断力を奪ってしまうトラブルであるといえる（なお，このようなケースはほとんどの場合，弁護士の反対で提訴まで至らず，結論としては投稿者が1円も支払わない，つまり，企業側の「完敗」となってしまうことが多いと思われる）。

　ネットトラブルにおける具体的な対処方法については，第4章で詳しく解説するが，以上の視点をもつことは，未知あるいは珍しいケースでの対応を検討する上で，また，企業内や弁護士との情報共有において重要である。

４ 他の法的トラブルとの違い

(1) はじめに

　法的トラブル（法的紛争）において重要なのは「裁判で勝てるかどうか」という点である。

　また，裁判に至らないケースであっても，交渉の段階でお互いは勝訴の可能性，認められるであろう金額を常に意識する。裁判になれば，これくらいの結果が見通せるから，この程度の和解金で合意しようなどと，常に裁判における結論が意識されている。逆にいえば，確実に裁判で勝てる見込みがあるのならば，裁判のコストや時間を気にしなければ交渉は不要であり，請求する側としては即時提訴がもっとも合理的である。一方で，勝訴の見込みがないのであれば，裁判にコストを費やすだけ無駄なので，請求される側からすれば，裁判で認められるであろう請求にそのまま応じることが，もっとも合理的であるということになる。したがって，実務的には前記の前提を踏まえて，「裁判で認められる内容－裁判コスト」で和解金を設定し，トラブル解決をすることが通常であろう。たとえば，裁判で１億円の支払が命じられることが確実である場合，そのためのコストが，1,000万円（話を簡単にするために弁護士費用他，時間的コストも合算した金額であるとする）程度見込まれるのであれば，請求される側としては，9,500万円の和解金の支払を提案することが考えられる。この場合，お互いに500万円を得することになるので合理的だからである。

　さらに，社会の（外部の）反応という観点からも，裁判で勝訴をした企業は，「正しい」ということが認められ，敗訴した企業は「間違っている」という評価を受けることになる。たとえば，見た目が類似している商品を販売しているとして商標権等の侵害が主張された訴訟があるとする。この場合，原告が勝訴すれば，原告は社会的には「商品をパクられた被害企業」になるし，被告は「パクリ企業」という「烙印」が押されてしまう。

　このように，通常の法的紛争においては，裁判上の勝敗こそが最重要になり，勝てる見込みがあるかどうかが，提訴を含む法的措置をとるかどうかの主要な判断基準となる。

(2)　ネットトラブルでは裁判で勝てば良いというものではない

　一方で，ネットトラブルでも裁判上の勝ちは重要なのだろうか。

　この点，現実問題として，ネットトラブルの被害者の被害回復は容易ではない。詳細は第 2 章に譲るが，裁判実務上，認められる損害賠償額は，実損の回復には遠く及ばない。それどころか，弁護士費用すら捻出できない場合が多くある。少なくとも被害回復という視点だけからみれば，最初からほとんど「赤字」が決まっている。この被害回復が難しいという実情は，賠償請求の大部分が裁判外で解決をしていること，また，ともすれば違法な投稿を奨励する結果になりかねない。そのため，ネットトラブル案件を扱う弁護士もあまりオープンに述べてはいない（むしろ，折に触れて全体からすればわずかである高額賠償ケースの存在が強調される）が，企業の法務担当者にとっては，非常に重要なポイントなので，あえて詳細を述べることとする。

　さて，裁判で勝てば，問題のある投稿を削除したい，そして，投稿者（犯人）をみつけたい，という目的は達成できるが，それが必ずしもプラスにならないことがある。

　ネットにおいて，特に積極的に情報を発信するユーザーは，「企業が個人の情報発信に法的措置をとる」ということに強いアレルギー反応を示す者が少なくない。要するに，企業であれば自社に対する批判については甘受するべきであり，少なくともある程度は寛大であるべきで，それへの対応は強制的な法的措置ではなくて，自主的な改善や説明であるべきだ，という考えである。

　被害者は企業ではないが，実際に，被害者が加害者に対して弁護士を介し賠償請求をしたケースで問題になったものがある。これは，請求金額が高額であることに加え，請求書の文面も高圧的であったために，その内容がネットで公開され，結果として，被害者とその代理人弁護士への非難が巻き起こってし

まったというものである。実際問題として，このような事例では，裁判をすれば被害者が勝訴をする可能性は高いが，法的には「被害者」であるにもかかわらず，逆に加害者以上に非難されてしまったのである。

　また，ネット上のスラングの1つに「消すと増えます」がある。これは，ある種類の投稿がネット上に多数転載されている場合において，その被害者が削除請求することを見越して多数転載をする，というものである。要するに，削除請求があったことが無数のネットユーザーにとって加害の動機づけになってしまう事態である。なぜ，このような現象が起きるのかというと，ネットユーザー，特に情報発信に積極的な者としては，ネット上の表現は自由であるべきであり，それを制約する行為は「敵」であるので「戦おう」という考えに至るからである。

　このように，実際に裁判になれば勝訴の見込みが高く，「被害者」であるにもかかわらず，非難が集中することがネットの世界ではよくある。これは，いくら被害者といえども，法律上の正当な権利の行使について，慎重に検討すべきであるという見解につながる。一方で，法的に正当な権利の行使である以上，それへの非難は慎重であるべきという意見もある。ただし，どちらが正しいか，このような現状が良いか悪いかは別として，裁判で勝てるなら良い，というわけにはいかないリスクがあることは意識すべきだろう。

⑶　裁判で勝てれば良いというわけでもないが，負けた場合のリスクが大きい

　前記⑵で述べたとおり，裁判で勝てるなら良いというわけではないが，さらに厄介なのが，負けた場合のリスクが非常に高いというものである。

　詳細は第3章で述べるが，ネット上の投稿が自社の権利を侵害しているとき，たとえば中傷を投稿された場合，企業としては，直ちに投稿者個人を訴えることはできない。なぜなら，ほとんどの場合は匿名で投稿されており，訴えようにも被告を誰にすれば良いかわからないからである。そこで，発信者情報開示請求を通信業者に対して行い，その投稿の違法性を主張立証し判決を得て，通

信業者に投稿者を教えてもらい，その上で，投稿者に責任追及をすることになる（実際には複数回の裁判が必要なことも多いが，詳細は第3章に譲る）。

　そこで問題になるのが，敗訴してしまった場合である。敗訴した場合，投稿者がみつけられなくなるので，責任追及ができなくなり，そればかりか「その投稿の合法性を裁判所は認定した」と受け取られてしまう。仮に判決が公になってしまった場合，問題の投稿者のみならず，他の者まで「安心して」投稿することになり，同種の投稿が横行してしまうリスクがある。

　また，B to C企業においては，商品・サービスに関する中傷に対して法的措置をとるケースが多いと思われるが，これで敗訴をすると「消費者の正当な批評に対して，裁判で口を塞ごうとした」というような印象を与えかねない。社会からこのような評価を受けると，肯定的な評価まで信用性を失うことになり，企業のブランド価値が大きく毀損されるリスクもある。実際にあったケースとしては，投稿者が飲食チェーンが自社の食品について標榜している宣伝について，その宣伝文句を指摘の上，「イカサマくさい」などと書き込んだ事件がある（東京地判平29.4.12 D1-Law.com）。この事件で裁判所は，「社会的評価を低下させる面があることは否めない」とし，さらに「上品とは言い難い表現」としつつも，「前提とする事実」「は主要な点において真実である」として，発信者情報の開示を認めなかった事例がある。この事例は広い範囲で報道され，飲食チェーンのブランドイメージに悪影響が生じた可能性がある。一方で，この会社としては，この投稿が残り続けることへのブランドイメージの低下を危惧して訴訟を提起したと思われる。しかし，判決文の事情を見る限り，さほど多数の者が閲覧していたとも言い難い。この事例が公表された後に問題の文言で検索をすると，巨大掲示板等に転載されてしまっており，かえって被害を大きくしてしまったとも言えよう。しかも，肝心の元投稿はすでに検索ではみつからない。すなわち，裁判を起こさなければ，すでに目に触れない，ネットから消えて忘れ去られてしまうはずだったのに，裁判を起こしたせいで，なおもネットに刻まれることになってしまったのである。

　このように，企業にとってネットトラブルは，勝ってもリスクがある一方で，

負けたら負けたで，極めて大きなリスクを負担するという，非常に悩ましい点がある。

さらに，第2章の5(8)や，第3章の6で解説するが，（特に名誉毀損の）損害賠償額の実態として，実損の填補どころか，弁護士費用を賄うことも難しい場合が多く，この点も考慮する必要がある。つまり，実際の賠償金を手に入れるということだけではなく，投稿者とその責任を明らかにすること自体にどれくらいの価値が見出せるのか，ということである。この点に十分な価値を見出せないのであれば，法的措置を断念することも適切な対応になり得る。

(4) まとめ

勝てば良いものではない，あるいは，負けた場合のリスクが大きい，というのは，ネットトラブル以外の法的トラブルでもあり得る。たとえば，類似品の販売について法的措置をとる場合には，仮に敗訴した場合には，その商品の販売は適法であると裁判所がお墨付きを与えたことになりかねず，大きなリスクを負担する。

しかし，ネットトラブルにおいては，負けた場合はもちろん，勝った場合にも，これまで述べたような炎上をはじめとした大きなリスクが存在する。

したがって，企業の法務担当者としては，勝ち負けのみならず，その後の影響の大小を慎重に見極める必要がある。特に，BtoC企業においては，商品・サービスに関する表現行為に対する法的措置に，世間が非常に敏感になっているので留意をする必要がある。

一方で，外部の弁護士に相談する段階では，すでに法的措置をとる，提訴する，という心づもりである場合が多いと思われるが，勝ったとき，負けたときのリスクを慎重に検討し，「何もしない」選択肢についても，積極的に相談をするべきであろう。

なお，実際に法的措置をとるべきかどうかの判断要素，基準については，第4章においてケース別に解説する。

コラム②

判決文の公開

　裁判は憲法上，公開が義務づけられている（憲法82条1項）。判決も当然，公開の法廷で言い渡され，だれでも傍聴をすることができる。ただし，法廷はごく一部を除いて撮影も録音も禁止されている（民事訴訟規則77条）。

　また，判決文はすべてが自動的にネットで公開されるという仕組みにはなっていない。そのごく一部が裁判所のウェブサイトに公開されることになっており，当事者名は匿名化されている。

　一方で，法律家向けに「判例雑誌」や「判例データベース」が提供されており，これを利用すると，各社が独自に収集した裁判例やその解説を閲覧することができる。その数は，裁判所のウェブサイトに掲載されている裁判例とは比較にならないほど多いが，それでも，全判決のうち，（有用性があると判断された）一部の判決が掲載されているにすぎない。これらのリソースにおいても当事者名は匿名化されているのが原則であるが，会社名，訴訟代理人については，匿名になっていないことが多い。

　したがって，企業の法務担当者としては，裁判をした場合，自社の名前が雑誌やデータベースに掲載され，紛争の内容や勝敗が知られる可能性があることに留意する必要がある。特にデータベースは容易に検索が可能なので社名で検索されるなどして，敗訴判決が問題視される可能性もあり得る（企業ではないが，同じく匿名化されない訴訟代理人である弁護士への嫌がらせに悪用された事例もある）。まさかそこまでは調べないだろう，データベースを契約しているのは法律専門家だけなのだから影響力はないだろう，と思われるかもしれない。しかし，これらのデータベースは大学図書館などで利用できるようになっていることも多い。そのため，大学生である就活生が検索することは十分可能であり，影響は決して無視できない。

　なお，こうして入手した判決文をネットで一般公開することは適法であるかどうか，という問題はある。この点，そもそも判決文を含む訴訟記録は請求をすれば誰でも閲覧できるのが原則（民事訴訟法91条1項）であるから，問題ないと思われるかもしれない。しかし，裁判が公開されているからといって，その事実をみだりに公開することとは話が別であり，違法であるとするのが裁判例である（東京地判平17.3.14判タ1179号149頁）。なお，これはネット上で誤解の多いトピックである。すなわち，ある場所で公開が認められているからといって，別の場所での公開が認められるというわ

けではない。もしそうであるなら，無料放送のテレビ番組を勝手にコピーして配信しても良い，ということになってしまう。電話回線を利用したネットワークであるパソコン通信時代の裁判例であるが，電話帳に掲載した情報を，パソコン通信において公開する行為は違法であるとした事例もある（神戸地判平11.6.23判時1700号99頁）。

....

コラム③

画面の向こうはどんな人たち？

　ネット上の表現は原則として匿名である。そのため，読者も，あるいは書かれた人も，違法な投稿の被害者も含め，その正体を知ることができないのが原則である。しかし，肯定的なものであろうが，否定的なものであろうが，自分（自社）について，何らかの情報発信をする者は，果たしてどんな人物なのであろうか，気になるのは自然なことである。

　筆者もネットトラブルの相談においては，かなりの割合で「投稿者はどんな人だろうか？」と尋ねられる。特に個人の被害者であれば，ネット上とはいえ，自分に危害を加えようとしているわけであるから，投稿者がどのような人物かは非常に気になるところである。また，個人であっても，企業であっても，リスクマネジメントとしては，どのような投稿者であるかを想定することは重要であるため，筆者はできる限り予想を述べることにしている。

　それでは，どのような投稿者がいるのだろうか。筆者は，投稿者側の弁護も頻繁に行っており，その経験上，大きくは次の3類型に分けられる。

　まずは，「怨恨型」投稿者である。被害者に対して何らかの恨みがあり，その者に嫌がらせを加える目的で投稿を行う。個人であれば人間関係から生じるし，企業であっても，B to C であれば接客トラブルなどから発生することがある。その他，個人的な憎悪が原因であるが，嫌いな，恨みをもつ者の勤務先だからという理由で標的になったり，あるいは職場内でのトラブルが原因で生じることもある。

　ネット上での表現は過激になりやすいため，問題の表現が過激である，あるいは分量が多いと，「さぞかし自社（自分）に恨みをもつ者の仕業だろう」と思われることが多い。企業であれば，ライバル会社の仕業を疑うことも珍しくない。そうすると，この「怨恨型」投稿者が最多数であると思われるかもしれないが，実際は想像とは異なり，この類型は比較的少数である。理由としては，他の類型は他人に触発されて投

稿する場合が多いため絶対数も多くなるが，「怨恨型」は，そもそも恨みをもつ者が自発的に発信しないと発生しないからである。

　当事者としては，「ここまでひどいことを書くのだから，さぞかし恨まれているだろう」と思うだろうが，現実は特に個人的な恨みがあるわけでもなく書き込む者が圧倒的大多数である。

　次に，「義憤型」投稿者である。あえて「義憤」という表現を用いたが，「怨恨型」投稿者と異なり，個人的な恨みがあるわけでもなく，ネットの情報に接するうちに，「こいつは悪い奴だ」「懲らしめなければ」と思い込んで，違法な投稿に及ぶ。真偽を問わず，「義憤に駆られた」人々が，お互いにとにかく「こいつは悪い奴に違いない」という情報を交換し合って，憎悪を相互に増幅させていくということが特徴である。しばしばフェイクニュースとも複合し，事件とは全く無関係の人間が標的になることも少なくない。怨恨型と異なり，そもそも個人的な恨みは一切ないし，被害者と加害者との間の面識も一切ないが，被害者からすれば，誰かわからない人間，それも大勢から攻撃される，なかには自分の知人もいるかもしれないということで，精神的にも追い詰められてしまうケースがある。

　冷静になって考えてみると，個人的な恨みがないにもかかわらず，「悪い奴」「ケシカラン奴」というだけで攻撃を反復継続できるのは不思議に思える。しかし，「悪い奴をやっつけている」という精神的な満足感を投稿者は強く感じているようである。さらに本来であれば許されない誹謗中傷を「自分たちは正しいことをしている」という気持ちで行える，罪悪感なく加害行為が行えるため，歯止めがきかない。加えて「一緒に加害行為をしている画面の向こうの仲間」と一体感，仲間意識がもてるということで，「趣味」「楽しみ」になってしまう側面もある。

　第4章で詳しく取り上げるが，企業の法務担当者としては，彼らの「義憤」を刺激しないことが大事である。非常に俗な言い方をすれば，「餌」「燃料」を与えないことが重要である。

　最後に「ノリ型」投稿者である。誰かが誹謗中傷などのネット上での嫌がらせを受けている場合において，それを読んで「面白く」なり，自分も参加してみたいと思ってそれに加わる。おそらくもっとも多い類型であるが，義憤型と複合することも多い。

　義憤型と違うのは，そもそものきっかけとしての「被害者を非難する理由」がない。自分でも経緯や事情はよくわからないが，既存の投稿者らが誰かに嫌がらせ，誹謗中傷をしているのを見て，それが楽しそうに思えて，自分も輪に入りたいと思い参加してしまうということが多いようである。

＊　＊　＊

　「義憤型」「ノリ型」を見ると，「そんなことがあるのだろうか」と疑問に思われるかもしれない。ただし，人間というのは，「面白い話」と同じくらい「ケシカラン話」が好きである。わかりやすい悪者の話が大好きで，それに「懲罰」を加える「正義の味方」に，指先1つでなれるというのは，思った以上に誘惑が強い。被害者からしたら，「自分の人生はお前らのオモチャじゃない」と言いたくなるかもしれないし，それは全くそのとおりであるが，加害者が以上のような考え，思考の持ち主であることは，対策を考える上で留意すべきことである。

5　法務部の重要性

(1)　法務部が重要な理由

　ネットトラブルへの対応において，法務部が果たす役割は極めて重要である。また，外部の弁護士に対応を依頼する場合であっても同様である。

　なぜ重要なのか。ネットトラブル対応の勘所は以下の6つに整理できる。

---

①　予防が重要である
②　迅速な初動が重要である
③　弁護士に与えなければならない情報が多い
④　決断しなければならないことが多い
⑤　弁護士だけで正しい助言や判断ができないことも多い
⑥　裁判で「勝つ」ためには「事件前」の準備が重要である

　一般の法的紛争にも共通する内容が多分に含まれているが，以下，それぞれについて法務部が果たす役割を整理し，なぜ重要なのか，その理由を解説する。

(2)　①：予防の重要性

　いかなる法的紛争の解決においても予防（予防法務）が重要であるとはよくいわれる。ネットトラブルにおいてもそれは全く異ならない。

　しかしながら，ネットトラブルの厳しい現実として，「書き込まれるほうは，書き込むほうに勝てない」という問題がある。ネット上の投稿は，指先1つで簡単にすることができるが，被害者は大きなダメージを受ける。一方で，投稿を消すこと，そして投稿者をみつけるには，複数の裁判を繰り返す必要があり，決して容易ではない。加害者は寝転がって投稿をしているかもしれないが，被害者は，法的に整理した書面を作成して通信業者に提出する，あるいは，何通

も裁判所に提出する，裁判所と自社や法律事務所の間を往復する，といったことが強いられる。

　したがって，残念ながら，紛争になった時点で半分は「負け」である。これを防ぐには，予防（具体論については第4章において解説するが，特に転職情報サイトのトラブルにおいて重要である）が重要であり，これは，日常的に企業内にあって，企業の業務や内情に精通した企業の法務担当者に適任な仕事である。

⑶　②：迅速な初動の重要性

　これも他の法的紛争と共通するが，ネットトラブルの場合は，さらに重要なポイントになる。

　誹謗中傷に該当する，あるいは，自社の著作物がアップロードされた場合，それはネット上で急速に広まっていく。商品・サービスに関する中傷であれば，真偽を問わず，それが社会の耳目を集めるような内容（たとえば，飲食物への異物混入など）や，一見信用されるような内容であればあるほど，拡散される可能性は高くなる。また，著作物であれば，自社の重要な秘密であったり，人気コンテンツであればあるほど，流通するスピードは速くなる。要するに，被害が重大なものほど拡散が早くなり，だからこそ迅速な初動が重要になる。

　迅速な初動として，弁護士への相談や依頼も含まれているが，弁護士に相談するためには，それなりの情報収集が必要である。実際にどこに投稿されているのか，それは真実かどうか，どのような被害が生じているのか，それがわからなければ，弁護士としても打つ手はなかなかない。迅速な初動のための準備を行うことができるのは，やはり企業の法務担当者をおいて他にはいないといえる。

⑷　③：弁護士に与えなければならない情報が多い

　前記⑶において指摘したとおり，弁護士に手ぶらで相談に行っても，有効で正しいアドバイスを得ることは難しい。そのため，弁護士に情報を与える必要

がある。弁護士はいかなる法的紛争であっても，正確で十分な情報を相談者から得られなければ適切なアドバイスをすることができないが，ネットトラブルについては，特にその傾向が強い（前記4で述べたとおり，勝てばよいということではなく，負けた場合のリスクが大きすぎるという特殊事情があるためである）。

　具体的には，前記2(3)で述べたような事情を基本としつつも，会社の意向，投稿の真否，その証明の可否，従業員らへの影響（投稿について知られているか，動揺しているか，憤慨しているか等）も詳しく伝えるべきである。

　弁護士としてはいくつかの選択肢と利害得失を提供することになるが，繰り返し述べるとおり，前記4のような特殊事情がある以上は，判断に必要な情報は多いほうがよい。また，最終的な決断は企業側つまりは企業の法務担当者が行うことになるが，その決断のためにも，弁護士と認識を共通させている情報は多いほうが絶対によいのである。

(5)　④：決断しなければならないことが多い

　ネットトラブルでは，決断しなければならないことが多い。

　たとえば正常な取引における売掛金請求であれば，その取引先の資力，あるいは今後の取引先との関係を考えて提訴するかどうかを決める。また，和解にもち込む場合はどこまで金額を譲歩すべきかなど，ある程度決断すべきことは絞られてくる。

　ところがネットトラブルでは，提訴するかどうかはもちろん，第3章で解説するように，賠償請求の他に，投稿を消してもらう「削除」や，投稿者を教えてもらう「開示」の請求も検討を要する。また，商品・サービスに関する中傷の場合は，プレスリリースも検討する必要がある。さらに，あえて賠償請求を放棄しつつ投稿者に削除の他に事情説明や誓約を求めるなどの方法が有効な場合があり，それも検討する必要がある。加えて，どれか1つの手段を選べば良いというものではなく，場合によっては複数を組み合わせる，段階的に行う，「何もしない」という選択をする，あるいは「しばらく様子を見る」という判

断も必要になる。

　法務担当者のみで解決する場合は多数の難しい判断を，社内の意見を調整しながら決断しないといけない。一方，外部の弁護士に依頼する場合であっても，弁護士ができるのは，種々の利害得失を説明し，法務担当者の決断に従って全力を尽くすということである。

　すなわち，最終的な決断は，法務担当者の仕事であり，その回数も多く，求められる役割は重要である。

(6)　⑤：弁護士だけで正しい助言や判断ができないことも多い

　繰り返し述べるとおり，ネットトラブルは，勝てば良いというものではないし，負けたら負けたでリスクが高いという厄介な性質を抱えている。当然，弁護士もそのあたりの事情には精通しているし，その点を踏まえた助言や判断を提供するはずである。しかしながら，弁護士だけで正しくリスクを測定することが困難なケースも少なくない。

　たとえば企業のある商品について欠陥があり，会社はそれを放置している悪徳企業だという投稿があったとする。仮に，商品に欠陥がないのであれば，これは虚偽の投稿である。そして，このような投稿は，商品の品質についての信用を低下させるため，企業の営業権侵害あるいはそれを放置しているということで，名誉権を侵害するということになる。そうなると，弁護士としては基本的に，法的措置をとってでも，削除や投稿者の特定に向けて動くべきということになり，このような決断は通常は正しく，問題のあるものではない。

　しかしながら，企業と消費者との関係，商品の性質によっては，これが必ずしも適切ではないこともある。

　たとえば，この商品については，ネット上の情報が溢れに溢れているとする。そして，企業と消費者との距離が近く，この商品を含む複数の商品・サービスについて，企業と消費者とが意見交換をネット上で活発に行っているという事情もある。さらにその上で，ネットには率直な，否定的な意見もたくさんあるが，企業はそれぞれの意見に対して丁寧に答えており，これが，消費者の信用

につながっているという事情もあるとする。このような状況下においては，ユーザーは「否定的な意見も肯定的な意見もどちらも溢れているが，企業も情報発信をしている。フェアな情報交換，意見表明が確保されているので，この商品に関する評判は信用できる」と考えている可能性が高い。ここで，安易に法的措置をとると，「都合の悪い意見は踏み潰すのか」という批判を被ることになる。そうなると，企業と消費者の情報発信のうち，肯定的なものがあっても，「否定的なものは削除された『残り』にすぎないだろう」との印象をもたれ，商品のブランド価値が逆に傷つけられるというリスクも生じることになる。もちろん弁護士に詳細な事情を伝えていれば，弁護士もそれを踏まえて法的措置を取るか否かを適切に判断してくれることは期待できる。

　企業と消費者との関係は，説明されて「はい，そうですか」と理解できるようなものではない。これを正確に把握できるのは企業だけであり，かつ，法的問題と一緒に把握ができるのは，企業の法務担当者だけである。

　弁護士はともすれば，法的な勝ち負け，勝てる見込みがあれば訴訟をする方向に安易に傾きやすい。「試合に勝って勝負に負ける」ということがないように，たとえ弁護士が関与するケースであっても，企業の法務担当者が判断に積極的に関与することは重要である。

(7)　⑥：裁判で「勝つ」ためには「事件前」の準備が重要である

　詳細は第2章で解説するが，ネットトラブルにおいては投稿内容が「真実ではない」証明が求められ，その証明は被害者側が行う必要があるとされている。

　誹謗中傷が投稿された場合，そこには真実に反する「悪事」が記載されているが，これが「虚偽である」と証明することは難しい。特に，転職情報サイトのトラブル対応として「虚偽であることの証明」は苦労することが多い。たとえば「残業代を払わない」という投稿があった場合，この投稿が企業の社会的評価を低下させるので名誉毀損になり得るが，投稿者に責任追及をするために通信記録の開示を求める場合，「残業代を払わない」という事実が「ない」ことの証明をする必要がある。

　「ない」ことの証明は「悪魔の証明」などといわれ，一般に非常に困難である。仮に「残業代を払わない」ことを証明するのであれば，タイムカードの記録，あるいは交通系電子マネーの記録などから出退勤の時間を証明し，かつ，実際に支払われた残業代を給与明細で証明し，その齟齬を指摘すれば十分である。たとえば月で20時間の残業をしたのに，明細上は10時間の残業としか記載されていない場合には，「残業代を払わない」という事実は証明できたことになる。一方で，「残業代を払わない」という事実は存在しない，ということを証明するのは容易ではない。あくまで「存在しない」ことを証明するのであれば，従業員のごく一部の例を示すだけでは不十分である。残業代を支払う体制として，勤務時間の管理体制や，給与計算システムなどについて説明し，「残業代の不払いは管理体制やシステム上，発生しない」という程度の証明が要求される。このような証明は，いざ問題が生じたとき，つまり，「残業代を払わない」旨の投稿がされた後では遅い。あくまで証明しなければならないのは，「過去において残業代の不払いはなかった」ということである。したがって，過去の資料が重要になるのであり，投稿後にそのような資料や事実を作ることはできないからである。投稿があったので，あわてて体制を整備したところで，「やっぱりきちんとした管理体制は整備されていなかったのですね」という話になるのが関の山である。

　このような有事に備えた資料作り（詳細は第3章で述べる）は，日頃から企業の法務担当者でなければできない。以上に述べたとおり，これは裁判での勝敗を分ける重要な資料であり，ネットトラブルにおけるその役割は非常に大きいということができる。

ネットトラブルの
法的責任

❶　ネットトラブルの法的責任

　ネットトラブルにおける加害者（投稿者）の法的責任は，通常の他の法的責任（たとえば，会社の備品を壊した等）と，基本的に変わることはない。法的責任を追及するにあたって何か特別な法律があるかというと，手続においては存在するが（特定電気通信役務提供者の損害賠償責任の制限及び発信者情報の開示に関する法律），その他多く存在するわけではない。

　他のトラブルとは手段や態様が異なるだけであり，たとえば，週刊誌で事実無根の中傷を書かれた場合でも，ネットで同じようなことが投稿された場合でも，同じく被害者（企業）に対する名誉権侵害であると把握されることになる。

　本書の主な対象である企業の法務担当者にとっては既知の常識ではあろうが，念のため，いかなる場合にどのような法的責任が生じるかについて概説する。

2　民事責任と刑事責任

(1)　法的責任の種類

　法的責任には大きく分けて民事責任と刑事責任とがある。

　民事責任は，被害者に対する賠償責任であり，要するに，生じた損害を「弁償」する責任である。また，投稿が残存しており，かつ，加害者においてその削除が可能であれば，削除をする責任も生じることになる。さらに，ケースとしては稀であるが，名誉権侵害の場合に加害者は「謝罪広告」（名誉毀損の内容を打ち消し，陳謝の意思を示すような表示）を公表する場合もある。

　刑事責任は，罰金や懲役などの刑罰を受ける責任であり，ある意味で国家や社会に対する責任であるといえる。

　なお，問題になることは少ないが，ネットトラブルが法律上の資格に関係している場合には，その資格について行政上の処分を受けることがあり得る。たとえば，医師がライバルの病院について誹謗中傷を投稿した場合，医師免許について行政処分を受ける可能性がある。

(2)　民事責任と刑事責任の関係

　両者は別物であり，両者が成立することもあれば，片方しか成立しないということもある。そのため，片方の消滅は片方の責任の有無や軽重に関係ないのが原則である。

　ただし，民事責任について加害者が損害賠償金を支払った場合，つまり「被害弁償」をした場合には，刑事責任が軽減される傾向がある。ネットトラブルの大多数を占める名誉毀損においては，被害弁償があった場合，ほとんどの場合では刑事責任まで問われないことが通常である。

❸ ネットトラブルの民事責任

(1) 民事責任の要件

損害賠償の基本については，民法709条と民法710条が以下のとおり定めている。

> 【民法709条】
> 　故意又は過失によって他人の権利又は法律上保護される利益を侵害した者は，これによって生じた損害を賠償する責任を負う。
> 【民法710条】
> 　他人の身体，自由若しくは名誉を侵害した場合又は他人の財産権を侵害した場合のいずれであるかを問わず，前条の規定により損害賠償の責任を負う者は，財産以外の損害に対しても，その賠償をしなければならない。

この要件は，以下のように分解して理解することができる。

① 「故意又は過失」

これは，「わざと（故意）」または「不注意で（過失）」という意味である。ネットトラブルは基本的に故意で行われるものであり，問題となることは稀である。

なお，ここでの故意というのは，投稿に対する故意であり，法的評価に対する故意ではない。したがって，「これくらいの投稿は違法ではないと思っていた」という場合でも，それは法的評価について誤ったというだけであり，投稿そのものは故意にしていることに変わりはない。したがって，賠償責任には影響しないということになる。

②　「他人の権利又は法律上保護される利益」

　物を壊せば財産権，社会的評価を低下させれば名誉権（これが民法709条の対象となることについては同710条が定めている）という権利を侵害した，ということになる。

　この侵害は違法であることが必要であり，適法な侵害であれば，賠償責任は生じない。たとえばネットトラブルにおいてよく問題になるのが，たとえ特定企業の社会的評価を低下させるとしても，それは正当な情報提供であるとされる場合である。

　なお，「法律上保護される利益」も保護の対象になっているが，これは「○○権」というような名称がついていない「利益」であっても，保護の対象にするという趣旨である。たとえば，大学近くの賃借物件を追い出されて，老舗の風呂屋である「大学湯」を運営できなくなり，他の者に同名で運営されてしまったという事案で，法律上保護されるべき利益の侵害を認めた事案がある（大判明14.11.28 民集4巻670頁）。

　ネットトラブルでは，名誉権や著作権が問題になることが多く，この要件は，もっぱら「この投稿で社会的評価が低下するのか」という点で問題になる。

　ネットトラブルの大部分は名誉毀損であるが，その成否の判断は難しい。名誉毀損の成否については，後記5で詳しく解説する。

③　「これによって生じた損害」

　短い言葉であるが，「損害」があること，その損害と不法行為との間に因果関係があることが必要である。

(2)　民事責任の効果とネットトラブルにおける実際

　民事責任（不法行為に基づく損害賠償）が認められた場合には，「被害者は加害者に損害の賠償を請求する」ことができる。

　法律上，金銭賠償の原則（民法722条1項・417条）が採用されており，逆にいえば，「すでに広まってしまったデマを払拭してほしい」などの請求はでき

ないことになる。ただし，双方が同意をして，そのような和解をすること自体は妨げられない。

　次に，賠償請求をする場合の金額が問題になるが，これは特に被害者側にとって，非常に悩ましいものである。

　法律上，損害賠償は填補賠償ということになっている。つまり，賠償金額の算定においては，悪質性は考慮されないのが原則であり（ただし，一切の事情として一定程度考慮されるケースもある），実際に生じた損害に限られる（だから，埋め合わせる金額という意味で「填補」賠償と呼ばれる）。悪質性を考慮する刑事責任とはこの点が大きく違う。なお，米国の懲罰的損害賠償が有名であるが，実損を超える賠償を認め，違法行為を抑止するという立法例もある。日本では原則として採用されていないが，類似の制度として残業代の不払いについて，未払い額と同額（つまり支払金額の合計は2倍になる）の「付加金」の支払を命じる制度がある（労働基準法114条本文）。たとえば，交通事故で人を死亡させた場合と，故意に刃物で人を刺して殺害した場合とを比較するとわかりやすい。両者は，罪の重さは大きく異なる。前者は最高懲役7年が原則である（自動車の運転により人を死傷させる行為等の処罰に関する法律5条）が，後者の最高刑は死刑（刑法199条）である。しかし賠償額は，死亡による慰謝料や逸失利益から算定するので，ここまで大きな差異はない。

　そして，肝心の損害賠償額の算定についてであるが，被害を立証する責任は被害者側にある。しかし，ネットトラブルにおける立証は相当に困難である。たとえば，ある商品の評判がどれくらい低下したのか，そのせいでどれくらいの売上が低下したのか，その証明は容易ではないからである。売上の減少が証明できるとしても，その原因が果たして問題の投稿によるものか，すなわち因果関係の証明はさらに困難である。現実問題として，この投稿のせいで何パーセント売れなくなった，などと証明することはほぼ不可能である。

　実例については後述するが，企業が（おそらくは）膨大な開発費，宣伝費を投じた商品について，ひたすらそれを酷評し，おそらくは競合製品へ誘導するようなサイトを作成した事例においても，賠償額65万円（請求は1,000万円）

のみが認められたという事例すらある（大阪地判平29.3.21裁判所ウェブサイト）。

　実際問題として，裁判所は，「実際に生じた損害」だけではなくて，証拠上明らかに確定できる投稿場所やその内容から，損害をかなり大胆に推定する傾向があるようである。つまり，この投稿のせいでこのような被害が出た，と詳細に認定するのではなくて，「このような投稿ならば損害は○○円くらいだろう」というような具合である。これは，緻密に実損を認定することが難しいから採られている方法であると推測されるが，結局，賠償額が廉価になってしまうことには違いはない。

　以上のとおり，ネットトラブルにおいて損害賠償の支払により被害を填補できる可能性は，かなり低いというのが実情である。また，前記(1)で指摘したとおり，加害者に対して削除を請求する，謝罪広告を請求することも可能であるが，請求を受けた時点で投稿者は（可能であれば）問題の投稿を削除することがほとんどであり，実際に投稿者にこれを請求することは稀である。また，裁判で謝罪広告が認められることも非常に珍しい。

4 ネットトラブルの刑事責任

(1) 刑事責任の基本

　刑事責任の要件は，刑罰法規（刑法をはじめとする犯罪と刑罰を定めた法律）に違反すること，そこに定められた犯罪に該当することである（正当防衛などの違法性阻却事由や，刑事未成年，責任能力の問題もあるが，ここでは割愛する）。

　前記3で解説した民事責任の場合，大雑把にいえば権利または法律上保護された利益を侵害して損害が発生すれば責任が生じ，実際の行為について限定はないし，また，結果については，およそ権利一般，あるいは法律上保護された利益の侵害のみを必要とし，それで足りる。

　一方で，刑事責任は，国家が刑罰権を発動して個人に刑罰を科す。すなわち，「罪刑法定主義」という考えが採用されており，あらかじめ明確に犯罪になる行為・要件（これを構成要件という）と，対応する刑罰が定められていることが要求されている（憲法31条）。したがって，ネットトラブルにおいて，加害者に刑事責任を問えるかどうかを検討するに際しては，具体的に，いかなる刑罰法規に該当するかどうかを見極める必要がある。

　この点，頻出なのが名誉毀損とプライバシー侵害（企業のプライバシー侵害ということは考え難いが，代表者個人が標的になる場合があるので取り上げる）の問題である。

　どちらも民法上の不法行為であり，つまり民事責任を問うことができる。

　一方，刑事責任においては，名誉権の侵害，つまり名誉毀損については，名誉毀損罪という犯罪が刑法に定められている（刑法230条1項）。ところが，プライバシー侵害については，プライバシー侵害の罪というものは定められていない。なお，プライバシー侵害単独ではたしかに犯罪にならないが，それを予告し，あるいは実行して金品を請求すれば恐喝罪（刑法249条1項）になる。ま

た，態様や動機によってはストーカー行為等の規制等に関する法律違反の罪が成立する可能性はある。

　このように，刑事責任の追及については，法律に個別に定められた構成要件に該当することが必要なので，民事責任とは大きく異なる。

(2)　ネットトラブルと刑事責任

　実務上，もっとも頻出なのが名誉毀損罪である。これは，被害者の名誉を毀損，つまり名誉権を侵害する罪である。

　「名誉」は自然人のみに認められ，法人，つまり会社には認められないとも考えられるが，会社にも名誉権があるとするのが裁判例である（最判昭39.1.28 民集18巻 1 号136頁）。企業であっても，社会的な評判，評価といったものは現に存在し，それは企業活動にとって重要な要素になるので，当然といえよう。

　また，現実に社会的評価が低下した，つまり名誉権が侵害されたことまでは要求されず，名誉権を低下させるような危険を有する情報の発信であれば，名誉毀損罪は成立するというのが判例である（大判昭13.2.28 刑集17巻141頁，なお，このような犯罪を抽象的危険犯という）。

　また，名誉毀損罪は親告罪（刑法232条 1 項）であり，告訴すなわち被害者が捜査機関に処罰を望む意向を伝えなければ，処罰をすることができない。さらに，告訴には犯人を知ったときから 6 カ月という期限（刑事訴訟法235条本文）があることには留意されたい。筆者が投稿者側を弁護した際に，被害者側が当初は刑事告訴を高らかに予告していたにもかかわらず，安易にこれを徒過してしまい，交渉カード（告訴，つまり処罰を求めないので，その分，割高な賠償金や他の条件に応じるようにと交渉材料にすることはよくあることである）を失っていた事例は少なくないので，特に注意が必要である。

　ネットトラブルで問題になる刑事責任は，名誉毀損罪がほとんどであり，他の犯罪は比較的少ないが，信用毀損罪（刑法233条）と脅迫罪（刑法222条 1 項）のケースもまま見られる。

信用毀損罪は，虚偽の風説（つまり嘘を流すことをいう），あるいは偽計（人を騙す計略をいう）を用いて，「信用」を害することで成立する。

「信用」とは，経済的な側面における社会的信用，評価をいう。たとえば，「あの会社はもう倒産する」など，支払能力などについて虚偽を伝えて信用を毀損すると同罪が成立する。また，商品に関する信用を毀損する場合でも，同罪は成立するというのが判例であり，ジュースへの異物混入の事実を報道機関に発表させたケースで同罪の成立を認めたものがある（最判平15. 3 .11 刑集57巻 3 号293頁）。

脅迫罪は，生命身体に対して危害を加えると告知することにより成立する犯罪である。これについては，法人に対しては成立しないとするのが裁判例である（大阪高判昭61.12.16 刑集39巻 4 号592頁）。ただし，会社への脅迫であっても，たとえば「社屋に火を付ける」というような場合には，従業員個人への脅迫罪が成立するであろうから，実務上は法人が対象ではないことについては，あまり問題にならない。

5 　名誉毀損の成否

(1)　名誉毀損の基本

　名誉毀損とは，名誉権を侵害することである。

　ここでいう名誉権とは，ある者の社会的評価である。つまり名誉毀損とは，ある者の社会的評価を低下させることであり，またはそのような表現を行うことをいう。たとえば，自分の意見に反対の見解を示されるなど，単に自分という読み手が不愉快に感じることは，名誉毀損とはいえない。よくある勘違いであるが，書かれた者が読んで「腹を立てる」かどうかが問題ではない。

　以上のように名誉毀損とは「書かれた者」がどう思うかではなく，それを第三者が読んでどう思うかという問題である。

　さて，ネットトラブルのほとんどは名誉毀損に関する紛争である。もちろん，名誉毀損以外のトラブルもあるにはあるが，それらにおいては名誉毀損ほど判断が難しいケースは少ない。

　たとえば著作権侵害であれば，著作物であること，著作権が被害者（自社）にあることを証明すれば，侵害の事実は認められる。ネット上の著作権侵害においては，公衆送信可能化権の侵害（著作権法23条1項，要するにネット等，通信や放送で公開する権利の侵害）が問題になることがほとんどである。この場合，著作権が被害者（自社）にあることの証明は，企業で制作をしたなどの事実を示せば証明それ自体は難しくない。また，侵害の事実も，「加害者のウェブサイトで公開されている」などを示せば，基本的にはそれで足りる。

　一方で，名誉毀損は，以下(2)で述べるとおり社会的評価を低下させる表現に当たるかどうかの問題である。ある表現が社会的評価を低下させるかどうかは，多分に主観的な評価が必要になるので論点になる。

(2) 名誉毀損の法律

　名誉毀損については，これに罰則を定める法律（刑法230条1項）がある他，民事上の損害賠償責任（民法709条，710条。なお，民事上の賠償責任について詳細は前記3を参照）が発生するとされている。

【刑法230条1項】
　公然と事実を摘示し，人の名誉を毀損した者は，その事実の有無にかかわらず，三年以下の懲役若しくは禁錮又は五十万円以下の罰金に処する。

　これは，物を壊すことについて，器物損壊罪（刑法261条）により処罰されるとともに，損害賠償責任を負担することと，同様の関係である。また，名誉毀損罪は親告罪（前記4(2)参照）である。

(3) 社会的評価を低下させる表現とは何か

　社会的評価とは，社会一般から，ある者がどう思われているか，その評判，評価，名声をいう。たとえば，「食品会社Aは，法律上許されない危険な食品添加物を自社製品に使っている」という投稿があったとする。この投稿を読んだ者は，「Aは，そのような危険なものを使う会社，遵法精神がない会社である」と認識し，評価をすることになる。したがって，Aの社会的評価は低下したとして，名誉毀損に当たると評価できる。

　また，この社会的評価とは，まさに「どのような評価を社会から受けているか」という客観的・外部的な評価をいう（これを「外部名誉」という）。これは，虚名も含み，実際には評判ほどの人物・会社ではないが，そういう虚名を暴く行為も含まれる。たとえば，CSR活動として積極的に慈善団体に寄付をすることで著名な会社Bについて，実際にはその慈善団体がB創業者一族の持ち物であり，寄付をもっぱら遊興費に費やしていたというケースにおいて，虚名が暴かれた場合にも，Bの社会的評価を低下させたということで，名誉権侵

害となる。

　一定の表現行為が社会的評価を低下させるかどうかについては，一般読者を基準とすべきとされている。判例上は「名誉を毀損するとは，人の社会的評価を傷つけることに外ならない。それ故，所論新聞記事がたとえ精読すれば別個の意味に解されないことはないとしても，いやしくも一般読者の普通の注意と読み方を基準として解釈した意味内容に従う場合，その記事が事実に反し名誉を毀損するものと認められる以上，これをもつて名誉毀損の記事と目すべきことは当然である」（最判昭31．7．20民集10巻8号1059頁）とされている。

　また，あくまで要件は社会的評価の低下であるので，以上のケースのように「真実」でも名誉毀損は成立する。嘘でも本当でも，その情報に接した人間がそれを信じて，Ｂへの評価を低下させることには変わりないからである。ただし，このような帰結は不都合となることもある。たとえば，ＡとＢのケースでは，これが真実であれば，社会に広く情報提供されるべき情報であると言える。もっとわかりやすい例を挙げると，たとえば，衆議院議員Ｃが収賄しているという情報は社会的評価を低下させるが，真実であれば広く報道されるべきであろうし，現に報道されている。名誉権侵害であっても一定の場合には，適法化される（許される）場合だが，以下は後記(4)で解説する。

　さて，「食品会社Ａの新製品甲は自分の口に合わない」というような表現は名誉権を侵害するといえるだろうか。これは少し難しい問題であるが，一定の人の口に合わない食品があることは常識的にままあることである。Ａの食品が万人に支持されるものではないこと自体，不名誉な事実であるとまではいえないので，社会的評価の低下，つまりは名誉権侵害になるとはいえない。

　実際にあったケースについては後記(8)で，また，裁判に至らなかった事案も含めて限界事例（ギリギリの判断が求められるもの）などについては，「コラム④：えっ？　名誉毀損にならないの？」で触れることにする。

(4)　社会的評価を低下させても適法な表現

　社会的評価を低下させる表現は，名誉権侵害，つまり名誉毀損となり，民事

上ないし刑事上の責任が発生するのが原則である。

　しかし，たとえば，前記(3)において例として挙げた食品会社Aのケースは，仮に真実であれば，消費者はそれを知って商品の購入を避けたいだろうし，社会的にも有益な情報である。また，会社の規模や影響力次第であるが，Bについても同様であるし，Cについては，国民全員が知りたい，そして知るべき情報であろう（現にこうした内容の報道はよく行われている）。

　名誉毀損の成立を認めるというのは，一定の表現活動が違法であり，犯罪であるとするものであり，表現の自由（憲法21条）を制約するものである。そして，前記(3)の例示のような有益な情報に市民が触れる機会を制限してしまう結果になり得る。

　そこで名誉毀損においては，個人の名誉権と，表現の自由や社会公共の利益とを調整するべく，一定の場合には，名誉権侵害があったとしても適法になり，民事・刑事の責任が生じないという例外を設けている。

【刑法230条の２】

1項　前条第一項の行為が公共の利害に関する事実に係り，かつ，その目的が専ら公益を図ることにあったと認める場合には，事実の真否を判断し，真実であることの証明があったときは，これを罰しない。

2項　前項の規定の適用については，公訴が提起されるに至っていない人の犯罪行為に関する事実は，公共の利害に関する事実とみなす。

3項　前条第一項の行為が公務員又は公選による公務員の候補者に関する事実に係る場合には，事実の真否を判断し，真実であることの証明があったときは，これを罰しない。

　前記は，刑法の定めであるが，民事上も賠償責任は生じないと解釈されている。判例上も「民事上の不法行為たる名誉棄損については，その行為が公共の利害に関する事実に係りもっぱら公益を図る目的に出た場合には，摘示された事実が真実であることが証明されたときは，右行為には違法性がなく，不法行為は成立しないものと解するのが相当であり，もし，右事実が真実であること

が証明されなくても，その行為者においてその事実を真実と信ずるについて相当の理由があるときには，右行為には故意もしくは過失がなく，結局，不法行為は成立しないものと解するのが相当である（このことは，刑法二三〇条の二の規定の趣旨からも十分窺うことができる。）」（最判昭41.6.23 民集20巻5号1118頁）とされている。

　名誉権を侵害する表現であっても適法化される場合の要件を要約すると，次のとおりとなる。

---

①　公共の利害に関する事実であること
②　目的がもっぱら公益を図ることにあること
③a　真実であることの証明があること
または
③b　真実であると信じるに足りる相当な根拠があること

　これらの要件の詳細は，以下(5)で解説する。

(5)　名誉権侵害の適法化事由

　名誉権侵害行為，つまり名誉毀損を行うと，民事と刑事の責任を負担することになるが，上記の要件を満たすと適法化され，いずれの責任も負担しないことになる。

　①は，トピックとなるテーマが単なるゴシップ，醜聞の類ではなくて，社会の正当な関心事に該当することが必要であるというものである。たとえば，ある会社の代表者にはたくさん愛人がいるという事実は，社会の正当な関心事であるとはいえないであろう。しかし，会社の代表者が従業員を愛人扱いするセクシャルハラスメントを行っているというのであれば，それはその会社への就職を検討する者にとって有益な情報であり，社会の正当な関心事，つまりは公共の利害に関する事実であるといえよう。

　会社の代表者や幹部の個人的な事柄は社会の正当な関心事であると判断され

る可能性は一般的に低い。ただし，国内有数の規模である，世界的大企業であるなど，社会的影響が大きい会社の場合は，代表者の個人的事情が，会社の意思決定に影響を及ぼし，ひいては社会にも影響を与えることもあるとして，社会の正当な関心事であると判断される可能性がある。

判例上も会社組織のケースではないが「私人の私生活上の行状であつても，そのたずさわる社会的活動の性質及びこれを通じて社会に及ぼす影響力の程度などのいかんによつては，その社会的活動に対する批判ないし評価の一資料として，刑法二三〇条ノ二第一項にいう『公共ノ利害ニ関スル事実』にあたる場合があると解すべきである。本件についてこれをみると，被告人が執筆・掲載した上記の記事は，多数の信徒を擁するわが国有数の宗教団体であるＢの教義ないしあり方を批判しその誤りを指摘するにあたり，その例証として，同会のＣ会長（当時）の女性関係が乱脈をきわめており，同会長と関係のあつた女性二名が同会長によつて国会に送り込まれていることなどの事実を摘示したものである」（最判昭56．4．16 刑集35巻3号84頁）としたものがある。要するに「私人の私生活上の行状であつても」，その「社会に及ぼす影響力の程度などのいかんによつては」，公共の利害に関する事実に該当する余地があると判示したものである。

企業の法務担当者としては，実務上，会社についての投稿は，単に代表者や従業員個人の私生活上の行状を攻撃するものであれば①の要件を満たさない（つまり適法化されない）が，会社の活動や商品・サービスに関する場合には，基本的には①の要件を満たすということについては，留意すべきである（したがって，②③，特に③の要件が勝負になる）。

次に②の要件についてであるが，これ自体が単独で争点になるケースは少ない（裁判上，一応は争われることがあるが，念のためという程度の主張である）。要するに，そのような事実を公にすることで社会の役に立てるという目的があれば良い。

実際，①の要件を満たしていれば，通常は②の要件を満たすことがほとんどである。これは，社会の正当な関心事についての表現であれば，通常は公益を

図る目的もあるだろうという推定が働くからである。したがって，実務上，①と②をまとめて「社会の正当な関心事」というような要件として要約されることもある。

　裁判例上も報道機関の例であるが，「報道機関である被告がこのような公共の利害に関する事実を報道する行為は，特段の事情がない限り，いずれも専ら公益を図る目的でされたものと認められる」（東京地判平28．1．13 平成25年（ワ）19901号事件 D1-law.com）とした事例がある。要するに公共の利害に関するテーマであれば，あとは③の要件が勝負になるということである。

　注意点としては，商業誌での掲載や，広告の掲載されたウェブサイトで，広告収入目的での掲載であっても②の要件は否定されない，という点である。この「公益を図る目的」は，経済的利益を得る目的と両立するためである（仮に，経済的利益との両立が認められないと，購読料を徴収し，あるいは広告を掲載する表現媒体への掲載はことごとく公益を図る目的が否定されて，この定めは空文化してしまうことになる）。もっとも，たとえば「サービス残業月80時間が常態化している」という投稿であれば問題ないが，「サービス残業月80時間が常態化しており，この会社の社長や管理職連中は悪魔の生まれ変わり，極悪非道で畜生にも劣り，必ずや天罰が下るはずで，早く死んで欲しい」というような表現まで記載すれば，公益を図る目的というより，違法な行為があることに乗じて嫌がらせを企んでいるだけとして，②の要件が否定される可能性は高くなろう。要するに，表現が不穏当な場合は，②の要件を否定することができるので，侮蔑的な表現が踊りがちな第4章の3と5のケースでは活用できるポイントである。

　したがって，最重要の要件は③である。名誉権侵害の適法化のためには，真実であることの証明（a）か，少なくともそう信用するに足りる相当な根拠（b）が必要である。マスメディアの報道においても，よく「裏を取る」ことが重要視されるが，これはこの要件を意識したものである。

　以上の①ないし③を証明する責任は投稿者側にある。つまり，「サービス残業月80時間が常態化している」との投稿があれば，その投稿者においてその事

実の証明か，少なくともそう信じるに足りる相当な根拠を提出する必要がある。しかし，これは投稿者に直接責任追及する場合である。投稿者がわからず，それを特定するために通信会社に発信者情報開示請求をする場合には，会社側が①ないし③の事実のどれかがないことを証明する必要がある。①と②については文面上明らかであるが，③については困難を要することも多い。先ほどの「サービス残業月80時間が常態化している」との投稿を例にすると，実際にそれが「ない」ことの証明をする必要がある。給与明細に残業80時間という記載がないから「ない」と主張しても，サービス残業だから給与明細に書いていないのは当然であり，これでは，サービス残業がなかったという証明があったとは到底いえない。この点はまさに，第1章の5(7)で解説したとおり，企業の法務担当者の力量が問われる事前の準備が重要である。

(6) 名誉毀損の要件のまとめ

以上やや長くなったが，名誉毀損の成否について，要件をまとめておきたい。

Ⅰ　一般読者が閲覧して，対象者の社会的評価を低下させる内容の表現であること(3)

Ⅱ　次のいずれの要件も満たすことを表現者が証明すること（この場合は適法化される）(4)(5)

　　ⅰ　公共の利害に関する事実の表現であること

　　ⅱ　公益を図る目的があること

　　ⅲ　真実であるか，少なくとも相当な根拠があること

※ただし，発信者情報開示請求においては，被害者側に立証責任がある（後記第3章の3参照）。

企業の法務担当者としては，以上を順次確認していくことが大事になる。なお，特に標的になっている部署，商品・サービスの担当者から，なぜ違法性の主張が難しいのか，責任追及ができないのか，理解を得るのに苦労をする場面があるかもしれない。特に第3章の3で解説するとおり，Ⅱの立証責任が自社

にあり，「本当は真実ではないが，真実ではないとの証明が容易ではない」というケースがあることを丁寧に説明することは心がけられたい。また，発信者情報開示請求（第3章の3）を行う場合は，外部の弁護士に依頼するケースが多いと思われる。その場合，開示可否の可能性を告げられるだろうが，以上のⅠ，Ⅱについて，各項目ごとに見通しと根拠について確認し，共通認識をもっておくことがその後の事案処理を円滑に進めるためにも重要なことである。

(7)　刑事処罰の実際

　前記(2)で指摘したように，名誉毀損を行った場合，加害者は被害者に対して賠償する民事責任と，（国家に対して）刑罰に服する刑事責任を負うことになる。

　ただし，実際には刑事処罰に至るケースは稀である。これはいかなる犯罪においてもいえるが，立証が困難であったり，被害が少ない（実際に被害が大きくてもその被害の大きいことについての証明が困難な場合も含む）場合には，捜査機関に被害を申告し，告訴（捜査機関に対して刑事処罰を求める意思表示をいい，名誉毀損罪は親告罪（前記4(2)参照）であるので，これが必要である）をしたところで，「動いて」もらうことは非常に困難である。捜査機関の考えについては推定するほかないのであるが，筆者の経験（聞いたこと）からすると，名誉毀損の告訴というのは非常に数が多く，それらすべてへの対応に困難が生じており，特に悪質なものに限って動くという方針であるようである。この「特に悪質」とは，どの程度なのかが論点になるが，多分に担当者の主観の問題になり，一概に基準を見出すことは難しいのが，現状である。

　したがって，企業側は，刑事告訴を交渉カードの1つにすることを考えても，処罰をしてもらうこと，処罰を通じて自社の正しさ，流通してしまった中傷が虚偽であることを公に証明してもらうことはかなり難しいと考えるべきである。弁護士との打ち合わせでも刑事告訴の話が出る可能性があるが，基本的には，弁護士が相当程度の確度で捜査機関が動いてくれるであろうという見通しを示さない限りは慎重であるべきである。なお，名誉毀損による処罰は困難でも，

悪質な場合（繰り返し投稿されている場合）は，脅迫であるか，業務妨害に当たるケースもままあるので留意すべきである。

(8) 最近の裁判例の傾向

どの事件においても裁判例の傾向をつかむことは重要であるが，ネットトラブルにおいては特に，その重要性が高い。現在は，容易に発信者情報の開示を認めない方向に傾きつつあると指摘されているが，その傾向は変化しやすいため，常に留意されたい。

また，事件ごとの裁判所の判断，つまり，発信者情報開示請求（第3章の3）の可否や，賠償金額の予想も困難を極めることが多い。これは，ネットトラブルに多い名誉権侵害の存否や多寡について評価する明確な基準を設けることが困難なためである。この問題は，交通事故事件と対比するとわかりやすい。交通事故においては，どちらがどれくらい「悪い」のか，いわゆる過失相殺については，日弁連交通事故相談センター東京支部「民事交通事故訴訟 損害賠償額算定基準」（「赤い本」）という，業界の事実上の標準の解説書・資料集がある。この解説書・資料集は，どのような場合にどちらがどれくらい悪いか，各種損害についてはどのような金額が算定されるかなど，細かく網羅的に掲載されている。このような基準を設けることが可能なのは，交通事故は，統一された交通ルールがあり，統一された設計の道路が敷設され，信号機が設置されており，双方の落ち度をある程度は形式的に判断ができるからである。また，慰謝料などの損害賠償についても，休業損害であれば賃金からこれを算定することができるし，後遺症などの慰謝料も，人間の身体は基本的に共通であることから，それに生じる後遺症も類型化できる。

しかしながら，ネットトラブルにおいては，そもそも各掲示板やSNSサービスの設計が共通化していない。それぞれにルールがあるし，また，名誉毀損の成否においては「一般読者」が問題になるが（前記(3)参照），表現の行われた場所により「一般読者」もさまざまな者が想定できる。また，損害の分量についても，名誉毀損があった，つまりは社会的評価が低下したと一口にいって

も，いかなる社会的評価が低下したのか，労働環境か，それとも会社の商品・サービスか，あるいは会社のイメージ全体か，その程度はどれくらいか，そもそも何人が閲覧したのかなど，検討に困難を来す事項が多い。

このように一律の基準を設けて見通しを立てにくいため，裁判所の判断の予測は困難である。しかし筆者の経験上，ある程度の傾向をまとめると，以下のような点が指摘できる（個別の裁判例については，第4章のケース別解説において，そのケースの処理において有益なものを引用し，ここでは基本的に複数の裁判例等の傾向を紹介するに留める）。なお以下は，多分に筆者の主観も影響しており，かつ執筆時の情報であるので，参考までとされたい。

①　東京地裁の判断予測は難しいが，大阪地裁は比較的容易である

ネットトラブルの裁判，特に発信者情報開示請求（第3章の3）は，東京地裁か，大阪地裁で行われることが多い。裁判は被告の最寄りの裁判所で行うことが原則（民事訴訟法4条1項）で，通信会社は東京に集中しており，一部の大手サーバーレンタル会社（ホームページの開設設備をレンタルする会社）は，大阪に本社を置いているからである。

裁判は地方裁判所では1人の裁判官が単独で行うことが原則であり，ただし，大規模ないし複雑な事件においては合議事件といって3人の裁判官が担当することになる。大阪地裁では，発信者情報開示請求について合議で行うことが多い。3人の裁判官が合議して結論を出す以上，突拍子もない結論が出る可能性は低い。一方で，東京地裁では，発信者情報開示請求について単独で審議されることが多い。このため，審議を担当した裁判官個人の考えが強く反映され，「このケースで開示（非開示）」と驚く場合も比較的多い。

筆者の経験上であるが，東京地裁で行われた裁判において，あるB to C企業について，接客態度を悪いとごく短く非難した投稿で違法性を肯定して，発信者情報開示請求，つまり投稿者の個人情報開示を認めた事例もあれば，逆に，職場の同僚について，脅迫や中傷を数十回と繰り返し，従業員全員の職務への取組みについても強度の中傷を重ねたケースで，「閲覧しようとしなければ見

れない」という趣旨の指摘，要するに「いやなら見なければいいでしょう」という指摘をして，発信者情報開示請求を退けた事例もある（いうまでもなく，名誉毀損というのは，被害者が読んで被害が生じるというものではなくて，一般読者が閲覧して被害者への社会的評価を低下させることで被害が生じるというので，このような指摘は失当であると言わざるを得ない）。

② 具体的な事実，特に犯罪行為の指摘は容易に責任が認められやすい

たとえば，「ブラック（企業）」「風通しがわるい」「上司が正当に評価しない」といった程度の投稿の場合，発信者情報開示請求は認められないか，認められたとしてもその後請求が認められる損害賠償金はさほど高くない。

一方で，「粉飾決算をしている」「下請会社に契約した代金を払わない」「製品に違法な原料が使われている」という程度に具体的で，しかも犯罪行為の指摘である場合には，投稿者の責任が容易に認められ，賠償金も高額になる可能性が高い。

③ 結局，賠償金は低い

②のような事情はあるが，結局認められる賠償金は低いことが多い。

たとえば，会社が被害者であるケース（大阪地判平29.3.21 裁判所ウェブサイト掲載）があり，おおむね以下のような事案である。

---

i 原告は，健康器具（以下「本件製品」という）を製造販売していた。

ii 被告は，その商品名と一致するドメインを取得し，その製品について論評するウェブサイト（以下「本件ウェブサイト」という）を運営していた。

iii 本件ウェブサイトでは，本件製品について，非常に製品クオリティが低い，開発社は身体のことを考えていない，というような本件製品について低い評価をする指摘が多数あった。

iv なお，本件は，サイトの運営者が匿名であったため，先立って発信者情報開示請求が行われており，そのために弁護士費用として100万円は下らない費用を費やしたと原告は主張して，これも請求している。

> ⅴ　原告は，被告に対し，本件の損害として1,000万円を請求した。

　自社の製品について，同名のドメインのサイトを作られたというだけではな
く，クオリティが低い，身体のことを考えていないという趣旨の記載まであっ
たものであり，それなりの賠償請求が認められそうである。しかしながら，本
件においては，おおむね原告の主張を認めつつも，実際の損害額の算定につい
ては，結論として65万円の支払を命じたのみであった。おそらくは，弁護士費
用にも足りない金額であろうと思われ，金銭的に損害が填補されたといえるか
どうか，甚だ疑わしい事案であるといえる。しかし，この法的措置によって，
原告は，少なくともこのサイトを閉鎖させることはできたわけであるし，成果
がないわけではない。ただし，結局認められる賠償金は低い，被害の填補には
かなりの困難があるという問題は残る。これは，第 1 章の 4 (3)で指摘した問題
であるが，提訴するか否か，時には難しい判断を迫られるということになる。

....

コラム④

えっ？　名誉毀損にならないの？

　ネット上の名誉毀損事案において責任を追及するためには，発信者情報開示請求を
通信業者に行い，発信者（投稿者）の身元を特定する必要がある。ところが，発信者
情報の開示が認められるためのハードルは非常に高く，権利侵害の明白性が必要であ
るとされている（特定電気通信役務提供者の損害賠償責任の制限及び発信者情報の開示に
関する法律 4 条 1 項 1 号参照）。そこで，通常は名誉毀損として認められても良さそう
な，すなわち，被害者個人や被害を受けた企業の担当者が「名誉毀損に違いない」と
思う程度のものであっても，発信者情報開示請求が認められないことがある。
　以下では，このような発信者情報開示請求に係る事例をいくつか紹介することにす
る。感覚として「ひどい」投稿であっても，権利侵害（名誉権侵害）の明白性が認め

られないケースは非常に多い。自社のトラブル解決の方針決定について，関係者の理解を得るためにも請求可否の直感力を養っていただきたい。なお，前記(8)で指摘したとおり，以下に紹介するものと同じ投稿であるからといって，同じ結論が導かれるとは限らないことに留意されたい。ある種の限界事例として，請求の困難さを理解し，リスク管理方針を検討するのに有益であると思われるので取り上げる。

○事例 1

　インターネット普及前，いわゆるパソコン通信時代の裁判例であるが，「妄想系」「妄想電波混じりの虚偽の発言」「妄想特急」「精神的文盲」「日本語さえまともに綴れない・読めない」「禁治産者」等の発言について，名誉毀損を否定した事例がある（東京地判平13.8.27 判タ1086号181頁）。この事例は，そのような発言をされた原告も，かなり強く反論しているケースであって，このような発言が一般に名誉毀損とならないとまで判断したものであるかは，留意が必要である。逆に教訓としては，侮蔑的な発言をされたからといって，安易に攻撃的な反論をすることは避けるべきであるということがいえるだろう。

○事例 2

　次に，悪口の代表である「バカ」であるが，企業に対して，その会社がバカであるという趣旨の投稿について，名誉毀損を否定した事例がある（東京地判平24.8.9 平成24年（ワ）8305号事件 判例集未登載）。裁判所は，抽象的な悪口の類については，名誉権侵害を否定する方向に考える傾向が強いが，その一例であるということができよう。もっとも，このような抽象的な悪口は，会社の従業員にとってはあまり良い気分のするものではないが，実損は少ない場合も多く，これについて権利侵害が否定されることは，さほど大きな問題ではないと思われる。

○事例 3

　アフィリエイト（インターネットにおける広告で，その広告経由で購入があった場合に，その売上の一部を成功報酬として受け取ることができるもの）に関して，アフィリエイト事業により利益を上げることができるというノウハウを販売していた会社について，以下のような事例がある（東京地判平28.3.11 平成27年（ワ）第27154号事件 D1-Law.com）。

　問題の投稿は，「（成果が上がらなかった場合の返金保証は）ただの詭弁」「『ほとんど稼げない』という事を露呈」というように，要するに販売しているノウハウは稼げないものであること，返金保証は実際に機能しない詭弁であるなどと非難するものである。かなりキツイ表現であるが，問題の返金保証は，その販売されたノウハウで1

円も稼げなかった場合であること，１円すら稼げないことはほとんどないから「詭弁」であるということ，それにより「ほとんど稼げない」ということを露呈している，というものであった。

　判決は，「詭弁」「ほとんど稼げない」は事実ではなく論評であり，その論評の根拠は原告の広告であること，つまり，真実に基づき論評をしたにすぎない，ということを重視した。その上で，消費者への情報提供であり，前提事実（つまり広告内容）は真実であるとして，名誉権を侵害するが適法化される（前記(4)(5)参照）と判断した。

　ここでの教訓は，B to C 企業（ただし，この例ではアフィリエイトという事業に関する情報を提供している会社なので B to B 企業の例である）においては，それへの批判が多くの場合，社会の正当な関心事として，真実であれば適法化されやすいこと，前提事実が真実であれば，かなり否定的（そして強い）表現であっても，適法化されやすい，ということである。特に，企業自身の行動（この事例では「広告」である）を前提の事実として，それを論評された場合，事実は嘘であると争うことは不可能であるし，そうなると，論評が不適切であるというくらいの反論しかできなくなるので，注意すべきである。具体的には，広告を行う場合は，このような「ツッコミ」がされないかどうかを検討することが重要になろう。この事例においては，１年間全く稼げないのであれば全額返金としているが，１年間全く稼げないという事態は想定しにくい，実質的に保証の意味がない，という点がこのような論評をされた原因であった。

○事例４

　プライドが高いという摘示，あるいは「稼ぐ嬢にはいつもニコニコエビス顔，でもその裏の顔は…w」というような投稿について，「内容が抽象的に過ぎ」るとし，プライドが高いというのは事実を摘示して名誉権を侵害するものでもないとした事例がある（東京地判平28．7．14 平成28年（ワ）4876号 D1-Law.com）。

　繰り返し指摘しているように裁判所は，具体性のない投稿については権利侵害を認めない傾向がある。抽象的であっても，あるいは抽象的なことが逆に，投稿された者の感情を傷つけることはあるが，裁判所は基本的に法的保護に値するとは判断していない。

○事例５

　企業の労働環境に関する投稿は，企業のネットトラブルのなかでも相当数を占め，しかも内部者が投稿をするものであるので，安易に信用されやすく，その悪影響は大きい。それにもかかわらず，発信者情報開示請求においては，裁判所も厳しい判断をしている。そこで，かなり強度の悪口について発信者情報開示請求が棄却された事例

があるので紹介する。

　この事例（東京地判平28.11.24平成28年（ワ）13074号 D1-Law.com）は，転職情報サイトではなく，インターネット掲示板に投稿されたものであるが，「社長の思いつきで社員を振り回す」「社員に当たり散らす」「自分勝手な一家」「精神的に追い詰められて辞めていく」「ワンマン主義」「社長の考えとして，出産をしたら正社員ではなく，もし続けるのであれば，パート勤務になることが前提」という，それなりに具体性もある，かなり強い非難であったが，発信者情報開示請求を棄却している。

　具体的な事実を認識させるものではない，「部下が上司に抱きがちな不満」であることなどを理由にしている。かなり強度の否定的表現でも具体的事実の記載がないか薄い，あるいは，ありふれた不満である場合，発信者情報開示請求が棄却されるリスクには留意すべきである。

⑥ 名誉権以外の侵害

　ネットトラブルといえば，名誉毀損案件が大部分を占めることは，すでに述べた（前記3⑴参照）とおりである。ただし，それ以外の権利の侵害も全くないわけではないので，その他を解説する。

⑴　信用への侵害

　「信用」といった場合，通常は言っていることが信じられるとか，嘘をつかない，正直であるといったことを想像すると思われるが，法律用語における「信用」とは基本的に経済的信用をいう。

　経済的信用とは，支払能力があることと，支払意思があることである。したがって，支払能力がない，つまり金がないということは信用がないということになるし，仮に金があっても，支払う意思がないのであれば，結局は信用がないということになる。

　「信用」については，刑法上も保護されており，これを侵害する行為は信用毀損罪として犯罪になる（刑法233条）。また，すでに前記4⑵で指摘したとおり，経済的信用のみならず，商品の品質について虚偽を述べる行為にも，信用毀損罪が成立する（最判平15.3.11 刑集57巻3号293頁）。同判例は，「粗悪な商品を販売しているという虚偽の風説を流布して，上記コンビニエンスストアが販売する商品の品質に対する社会的な信頼を毀損した」という事案において「刑法233条が定める信用毀損罪は，経済的な側面における人の社会的な評価を保護するものであり，同条にいう『信用』は，人の支払能力又は支払意思に対する社会的な信頼に限定されるべきものではなく，販売される商品の品質に対する社会的な信頼も含む」として，信用毀損罪の成立を認めたというものである。

　ネットトラブルにおいては，信用毀損だけが問題になることは稀である。な

ぜなら，通常は名誉毀損と併存するからである。たとえば，倒産間近である，
商品の産地偽装であるなどは，同時にその企業の社会的評価を低下させるもの
であるといえよう。ただし，たとえば，商品は著名であるが，会社の名称がほ
とんど知られていない場合，つまり，ある商品について虚偽を投稿されても，
その商品の評価が低下するだけであって，会社の評価が低下することは考え難
いというケースでは，名誉毀損ではなく信用毀損を主張する実益がある。

⑵ 著作権の侵害

最近急増しているのが，著作権の侵害に当たる事案である。著作権というの
は，創作物について作者（著作者）に認められる権利であり，この権利をもつ
者を著作権者という。著作権に関する事項については，著作権法に定めがおか
れている。

著作権者は，著作物について，複製して配布する権利などを独占する。独占
するというのは，要するに，権利者の許可なしに権利者以外がすることができ
ないということである。

著作権が発生するのは，著作物についてである。著作物とは「思想又は感情
を創作的に表現したものであつて，文芸，学術，美術又は音楽の範囲に属する
ものをいう」（著作権法2条1項1号）と定められている。さらに著作権法10条
1項各号には，以下のように著作物が例示されている（あくまで例示であり，
これ以外のものについても，著作権が認められることを否定するものではな
い）。

一　小説，脚本，論文，講演その他の言語の著作物
二　音楽の著作物
三　舞踊又は無言劇の著作物
四　絵画，版画，彫刻その他の美術の著作物
五　建築の著作物
六　地図又は学術的な性質を有する図面，図表，模型その他の図形の著作物

　基本的に作者が著作権者となるが，企業においては職務著作といって，従業員が職務上で創作した著作物については，所属先の企業が著作権者となるとされている（著作権法15条1項）。

　企業のネットトラブルにおいて，著作権の問題は大きく以下の2つに大別することができる。

①　著作権の侵害そのものが問題になっているケース
②　ネットトラブルの解決に著作権を利用するケース

　まず，①についてであるが，たとえば出版社が権利をもつ書籍をネットにアップロードされるなどが典型である。

　実務上よく遭遇するのは，P2P（Peer to Peer）ソフトによる著作権侵害である。P2Pソフトとは，中央のコンピュータを必要とせず，インストールされたインターネット上の個別のコンピュータ同士が直接通信をしてネットワークを形成し，ファイル交換等をするソフトウェアである（以上は大雑把な説明であり，動作や機能の詳細はネットワークやソフトウェアによる）。発信元・通信の参加者，相手方を特定することが難しく，一時期，これによる著作権侵害が大きな問題となった。国内においては，P2Pソフトの作者が刑事訴追され最終的に無罪になったことも非常に大きな話題を呼んだ（最決平23.12.19刑集65巻9号1380頁）。現在では，P2Pの監視システムが充実しており，これにより，ソフトの利用者つまり侵害者のIPアドレス（インターネット上において個別の端末を識別する番号）を取得して責任追及をするケースが多い。実際に，監視システムに基づき発信者情報開示請求（第3章の3）が認められたと思しき事例もある（東京地判平28.6.23裁判所ウェブサイト掲載）。

　最近は，P2Pソフトではなく，海外のサーバをレンタルして，ウェブサイト上で漫画等の書籍を公開するという手口が問題になっており，運営者が逮捕されて実刑判決を受けるケースも報道されている。

　企業の法務担当者としては，P2Pソフトであれば監視システムの利用，ウェブサイトであれば，そのレンタル業者ごとの対応が問題になるので，なるべくその分野，業者について知見のある弁護士に依頼することが望ましい。

　また，著作権侵害に限られないが，特にこの分野では「自分で気がついている」範囲と，実際の被害のある範囲が異なる（ウェブサイトＡで侵害を受けていると思ったら，ウェブサイトＢでもＣでも被害を受けていた等）ので，自分で「決め打ち」せず，専門家に調査してもらうことも弁護士に相談すべきだろう。

　次に，②のケースであるが，著作権侵害は名誉権侵害よりも比較的認められやすいという特徴がある。これは，繰り返し指摘したとおり，ある表現が企業の社会的評価を低下させるかどうかについては判断が難しいことも多く，また，企業に関する評価というのは，通常は社会の正当な関心事であろうから，真実性の問題も検討する必要がある（前記5(4)(5)参照）。一方で著作権侵害の場合は，ネットに掲載された著作物と，自社の手持ちの（オリジナルの）著作物とを比較対照すれば，同じものかどうかは容易に判定できる。そのため，他に特段の事情（たとえば著作物の掲載を許諾している，引用の要件（著作権法32条1項）を満たす等）がない限りは，侵害を容易に肯定できる。

　したがって，たとえば，企業の顧客対応マニュアルを掲載して，「こんな顧客対応をしている悪徳企業」などと投稿されている場合は，「悪徳企業」との表現について名誉権侵害が認められるかどうかの判断は難しいが，マニュアルについて著作権侵害を主張することで，容易に投稿者に到達できる可能性がある。このように，表現は1つでも，侵害される権利は複数であるということは決して珍しくない。そのようなケースでは，なるべく多くの違法性が明らかなものを選んでいくことが肝要である。

　弁護士に相談をする際は，自社が権利をもつ創作物が一緒に掲載されていな

いか（相談を受けた弁護士は気がつかない可能性もある）にも留意し，もし掲載されていれば，その旨も伝えるべきである。

⑶　企業秘密への侵害

　法律上，「（企業）秘密」について一般的網羅的な定義は存在しない。ただし，一般的には，公に知られておらず，かつ，知られることで誰かの権利を侵害するような情報が秘密として問題になることが多い。たとえば，弁護士（弁護士法23条）や医師をはじめとする医療関係者，宗教者（刑法134条）には守秘義務があり，これに反すると処罰される。企業との関係では，不正競争防止法が，企業秘密の取得や不正利用等について規制をしている。

　企業秘密のなかでも「営業秘密」は，広く知れわたるとその価値を失うという性質がある。たとえば，製品の秘密の製造法について，全競合他社が知るところになれば，その価値は当然下がる。そのため，営業秘密を取得した者は，競合他社にそれを売り込むことはしても，わざわざネットに掲載することは通常考えられない。

　ネットトラブルで問題になるのは，企業にとって公にされたら被害を受ける情報であり，かつ，掲載，流通させる動機が一般にあるものである。デマの類は，それを投稿することが「面白い」のであり，動機があるが，営業秘密については，動機がないことがほとんどである。

　したがって，営業秘密がネットトラブルとの関係で問題になることは稀である。しかし，企業の取引上の秘密で，一般の好奇心をかき立てられるものについては，問題になり得る。その典型として，件数としては少ないが，原価をはじめとする「取引条件」をネットに公開されるトラブルは存在する。原価は不正競争防止法上の営業秘密に該当するとした事例がある（名古屋地判平20.3.13 判タ1289号272頁）。

　企業の法務担当者として，何が法的に保護に値する秘密であるかどうかは，非常に難しい判断を迫られることも多い。むしろ，その秘密が同時に内部資料のコピーであるとか著作権を侵害していないか，侵害者が中傷に当たる内容も

一緒に投稿していないかなども確認すべきである。前述したが，1つの表現が複数の権利を侵害するケースは珍しくない。できる限り多くの，それも被害を肯定しやすい権利を選ぶことが重要である。また，掲載されているものが企業秘密である，企業の著作物であるなどは，弁護士が気がつかないということも少なくない。そのため，専門家との相談においては，積極的に情報共有することが，解決に向けて重要である。

(4) まとめ

　以上解説したとおり，投稿は1つであっても，侵害される権利は複数あるということも珍しくない。そして，損害賠償請求や発信者情報開示請求（第3章の3）において，複数の権利が侵害されていることを主張することに何ら問題はなく，主張することで，特別なコストやリスクを負担することにもならない。

　特に，発信者情報開示請求においては，1つの権利について，権利侵害の明白性があると認められれば，発信者情報の開示，つまりは投稿者にたどりつくことができる。企業の目標としては，その問題のある投稿を削除し，そして投稿者をみつけ出して責任を取らせ，被害を回復することにあるから，侵害されている権利の主張は目標を達成するための「手段」としての性格が強い。ネットトラブルに固有のことではないが，弁護士に相談する際には，1つの権利侵害に固執することなく，弁護士とともに，使える権利がないかを検討する姿勢を心がけられたい。

第3章

ネットトラブルの
法的手続

1 ネットトラブルの特殊性

　第1章では，企業をめぐるネットトラブルの現状と基本的な対応について解説を行った。現在はいかなるトラブルが多いのか，なぜ対応が悩ましいのか，問題解決が難しいのか，外部の弁護士を利用する・しないにかかわらず，企業の法務担当者として押さえておくべき観点を整理した。また，法的には，いかなる手段をとる・とらないについて，その利害得失を慎重に検討した上で，決断を迫られることも少なくはないが，企業の法務担当者としては，上役，関係者などとも協議し判断する必要がある。加えて，企業としていかなる行動をするかを取りまとめ，あるいは適切な行動に至れるように説明を重ねる必要もある。そのために必要な観点についても言及した。

　一方，第2章では，ネットトラブルにおける実体法の解説として，いかなる権利が侵害されるのか，裁判例を紹介しながら，侵害される権利ごとに解説を加えた。

　以上の解説は，人間が怪我をすればどうなるか，あるいは，出血すれば止血をする必要があるというようなものであった。実際には，これがわかっただけで治療（解決）はできない。

　そこで，本章以降は，実際に何を請求すべきか，そのためには具体的に何をすべきかについて，ネットトラブルの技術的，法律的な特殊性を踏まえつつ解説する。

(1) 何が「解決」か

　本書で扱う「ネットトラブル」は，インターネット上に自社の権利を侵害する投稿がなされた場合に発生する。

　この場合の「解決」とは，まずはその投稿が削除されることである。また，削除されたとしても，投稿が原因で過去に生じた損害が回復するわけではない。

たとえば，会社が運営する小売店の店舗のガラスが割られた場合，それを修理するまでは営業不能となり損害が発生し続ける。ガラスを修理すれば，そのような事態は回復するが，過去に生じた被害が回復するわけではないことと同じである。

　したがって，被害を回復するには，ガラスを割った人間に修理代や営業損害を請求する必要がある。つまり，ネットトラブルであれば，投稿者に賠償請求をして被害を回復する必要がある。ただし，ネットトラブルの場合は，投稿者が匿名で直ちに判明しないことも多い。そのため，ネットトラブルにおける解決とは，投稿の削除，投稿者の特定，そして最後に賠償請求による賠償金の回収であるといえる（もちろん，プレスリリースをする，何らかのステートメントを公表することで，一度低下した社会的評価を回復させるなども解決方法の1つである）。

　以下，ネットトラブルにおける特殊性（登場人物や問題の投稿が表示されるまでの仕組みなど）について，削除，特定，賠償請求と順を追って具体的な請求先，方法などを解説する。

⑵　ネットトラブルにおける「登場人物」と概念

　ネットトラブルが他の法的紛争と大きく異なるのは，その登場人物である。

　通常の紛争，たとえば，前記⑴で挙げたような「ガラスを割られた」というケースの場合は，被害者である企業があり，加害者がいるというだけである。賠償請求は，被害者が加害者に相対で請求することになり，それで足りる。第三者に請求することは（使用者責任（民法715条）など特別な事情がない限り）できない。しかし，ネットトラブルにおいては，登場人物が増える。これが，解決の困難さにつながっている。

　まずは，前提として，インターネットにおいて情報（ここではウェブページを想定する）が表示されるまでの流れを図解する。あわせて，ネットトラブルにおける各当事者の責任や手続を定めた法律として，「特定電気通信役務提供者の損害賠償責任の制限及び発信者情報の開示に関する法律」（プロバイダ責

任制限法ともいわれるが，以下「プロ責法」という）があるので，その用語についても解説する。

```
【インターネットにおいて情報が表示されるまで】
                                    ＊矢印は情報の流れ
① 投稿者が情報を投稿する
  発信者 → 経由プロバイダ → サーバ（コンテンツプロバイダ）
② 閲覧者が情報を閲覧する
Ⅰ サーバに対して情報をリクエストする
  閲覧者 → 経由プロバイダ → サーバ（コンテンツプロバイダ）
Ⅱ サーバから情報を貰う
  閲覧者 ← 経由プロバイダ ← サーバ（コンテンツプロバイダ）
```

　以上の図解のとおり，①投稿者は，閲覧者に直接情報を送りつけるのではなく，経由プロバイダを経由して，投稿をサーバに送信するということになる。その上で，②閲覧者は，経由プロバイダを経由して，サーバに，「投稿が見たい」とリクエストを送り，それをサーバが受けて，閲覧者に投稿を送り，閲覧者が閲覧するという構造になっている。

　ここでのポイントは，発信者は閲覧者と直接通信をせず，コンテンツプロバイダを通じて投稿を閲覧させる，直接通信するのはコンテンツプロバイダであり，その回線を貸しているのは経由プロバイダということである。

　以下では，各用語について解説する。

① 発信者

　情報を発信した者である。投稿者といわれることもある。法律用語であり，プロ責法2条4号に定義がある。発信者とは，「特定電気通信役務提供者の用いる特定電気通信設備の記録媒体（当該記録媒体に記録された情報が不特定の

者に送信されるものに限る。）に情報を記録し，又は当該特定電気通信設備の送信装置（当該送信装置に入力された情報が不特定の者に送信されるものに限る。）に情報を入力した者をいう」と定義されている。要するに，コンテンツプロバイダ（インターネット掲示板など）に情報を入力した（つまり投稿をした）者である。投稿者といったほうがわかりやすい。

　本書では，発信者と投稿者という言葉の両方を同様の意味で使う。

②　プロバイダ

　通信の媒介をするサービスを提供する者である。経由プロバイダとコンテンツプロバイダに分けられる。法律用語としては，「特定電気通信役務提供者」（プロ責法2条3号）として定義されている。それによると，「特定電気通信設備を用いて他人の通信を媒介し，その他特定電気通信設備を他人の通信の用に供する者をいう」と定義されている。要するに，通信の媒介をする者である。

　インターネット接続サービスを提供する経由プロバイダも，掲示板などを開設して運用するコンテンツプロバイダも，いずれも他人の通信を媒介するのでプロバイダである（経由プロバイダとコンテンツプロバイダの区別については，後ほど触れる）。

③　特定電気通信設備

　前記の図解には掲載していないが，「プロバイダ」の解説のなかに登場する用語なので，説明する。特定電気通信設備もプロ責法2条2号に定義があり，それによると，「特定電気通信の用に供される電気通信設備（電気通信事業法第二条第二号に規定する電気通信設備をいう。）をいう」とされている。いわゆるサーバと通信回線のことである。

　サーバとは，インターネットと接続されたコンピュータで，もっぱら，他のコンピュータにデータの配信等のサービスを提供するコンピュータである。たとえば，ウェブサイトの配信を担当するウェブサーバがある。

④　特定電気通信

　これも前記の図解には掲載していないが,「特定電気通信設備」のなかに登場する用語なので, 解説する。

　特定電気通信もプロ責法2条1号に定義があり, それによると,「不特定の者によって受信されることを目的とする電気通信(電気通信事業法(昭和五十九年法律第八十六号) 第二条第一号に規定する電気通信をいう。以下この号において同じ。)の送信(公衆によって直接受信されることを目的とする電気通信の送信を除く。)をいう」とされている。要するに, 特定されていない, 不特定多数の者への通信のことである。

　通常, 通信というのは送信者と受信者の相対の通信である。たとえば, 電話を掛けるとき, 架電者がおり, それを受ける受電者がいる。これが通常の通信である。しかし, インターネットにおいては, 不特定多数の者がサーバに接続してデータをリクエストし, それに対してサーバはデータを配信する。1つひとつの通信は特定人を対象にするが, 目的としては対象者を特定していない。したがって, プロ責法はこれを特定電気通信と定義している。

⑤　経由プロバイダ

　プロバイダのなかでも, 発信者のコンテンツプロバイダへの通信(投稿)を媒介したり, あるいはコンテンツプロバイダと閲覧者との通信を媒介するプロバイダをいう。法律上の用語ではなく, プロバイダの一分類にすぎないが, 実務上, 裁判文書などでも用いられる用語である。

　携帯電話会社やインターネット接続会社などが, 経由プロバイダに当たる。単に「プロバイダ」といった場合, この経由プロバイダという意味で用いられることが多い。

⑥　コンテンツプロバイダ

　プロバイダのなかでも, 発信者が投稿した内容を保存して, 閲覧者からのリクエストに応じて配信をしているプロバイダをいう。

　インターネットの掲示板や SNS 運営業者は，コンテンツプロバイダに当た
る。また，ブログサービスの提供業者もコンテンツプロバイダである。さらに，
個人運営のブログでもコメント欄があり，そこに投稿されているというケース
では，ブログサービスの提供業者のみならず，そのブログの開設者個人もコン
テンツプロバイダになる。

　なお，コンテンツプロバイダが複数存在するケースもある。たとえば，レン
タルサーバ業者からレンタルサーバを借りて掲示板を運営している者がいたと
する。この場合，その運営者はコンテンツプロバイダである。しかし同時に，
レンタルサーバ業者も掲示板の運営のために必要な設備を用意して提供してい
るのでコンテンツプロバイダである。この点は，後記2において重要になる
（請求先が複数ある場合，容易な請求先を選択できる）ので留意されたい。

(3) インターネットにおいて投稿されるまで，表示されるまでの仕組み と法的問題

【インターネットにおいて情報が表示されるまで】

＊矢印は情報の流れ

① 投稿者が情報を投稿する

発信者 → 経由プロバイダ → サーバ（コンテンツプロバイダ）

② 閲覧者が情報を閲覧する
Ⅰ サーバに対して情報をリクエストする

閲覧者 → 経由プロバイダ → サーバ（コンテンツプロバイダ）

Ⅱ サーバから情報を貰う

閲覧者 ← 経由プロバイダ ← サーバ（コンテンツプロバイダ）

　図解を見ると，通常の情報発信とは決定的に違う点が2つある。
　すなわち，①発信者は，直接閲覧者と通信をしない，閲覧者に自分の投稿を

見せているわけではないという点である。発信者と閲覧者との間に直接の通信，つまり接触はない。たとえば，駅前でビラを撒く場合，ビラを配る人間は，これを受け取る人間と直接接触はするが，ネットにおいてはそういうことはない。実際に発信者が通信をするのはサーバ，つまりコンテンツプロバイダである。コンテンツプロバイダは，この時点では，発信者から受け取った内容，つまり投稿された内容を保存するだけである。次に，②閲覧者も発信者と直接通信をしない。通信をするのはサーバ，つまりはコンテンツプロバイダとだけである。したがって，閲覧者は発信者が誰であるかを知ることができず，この閲覧者には被害者も含まれる。つまり，被害者は発信者と直接通信をしないために，発信者（加害者）を知ることができず，それゆえ，直ちに責任追及をすることが困難になってしまう。

　以上が，ネットトラブルの法律問題の特徴的なところであり，被害回復が困難になる原因である。そして，コンテンツプロバイダは法的に責任を負わないのが原則である（ただし，例外的に責任を負う場合もあり，後記2において紹介する）。なぜなら，コンテンツプロバイダは投稿を受け付けて表示をしているだけ，場所を提供しているだけであり，しかも，投稿について事前チェックをする，編集をするなどもしておらず，責任を問うべき根拠にも乏しいからである。編集部に編集権があり，編集部の意思と判断により各記事が掲載されている雑誌であれば責任を問えることと，コンテンツプロバイダの問題は対照的であるといえる。

　以上は重要なポイントであるので，以下にまとめる。

Ⅰ　発信者（投稿者）は，コンテンツプロバイダ（掲載場所）とだけしか通信しない。

Ⅱ　閲覧者も，コンテンツプロバイダとだけしか通信しない。

Ⅲ　被害者（企業）も閲覧者と立場は同じであり，発信者と通信をしないので，発信者を知ることができない。

Ⅳ　ⅠないしⅢによれば，被害者は直ちに，発信者に責任追及できない。

Ⅴ　コンテンツプロバイダは，掲載された情報について責任を問われないのが原則である。

2　削除請求

　前記1(2)(3)において述べたように，発信者が直ちに明らかではない，問題の情報を配信しているのはコンテンツプロバイダであり，かつ，コンテンツプロバイダは責任を問われないのが原則であるというのが，ネットトラブルの法的解決を難しくさせている。

　ここではその点を踏まえて，実際に誰に，いかなる法的根拠に基づき，どのような請求をすべきかについて解説する。

(1)　誰に請求するか

　最初の問題は「誰に請求するか」である。

　前記1(2)で述べたように複数の登場人物が介在するのがネットトラブルの特徴である。

　そもそも責任があるのは，前記1(3)で述べたようにコンテンツプロバイダではなくて発信者である。そうであるならば，発信者に対して請求をするのが自然のように思える。しかし，同じく指摘したように，発信者は閲覧者，つまり被害者（企業）と通信をしないので，身元がわからないことがほとんどである。また，仮に発信者がわかっていたとしても，コンテンツプロバイダに一度投稿が記録されて配信が始まると（掲示板であれば，一度掲示板に投稿して閲覧が可能になると），発信者の意思では止められない（削除できない）ことも多い。

　一方で，前記1(2)で述べたように，問題の投稿を実際に配信しているのはコンテンツプロバイダである。コンテンツプロバイダが配信を止めれば，発信者が再度投稿をしない限り，閲覧は不可能になる。そのため，どこの誰かわかっている，少なくとも通信（アクセス）が可能であり，かつ，現実に配信をしている者ということで，コンテンツプロバイダに対して削除請求をすることになる。

(2) 基本編：コンテンツプロバイダをどのように突き止めるか

　問題の投稿をみつけている以上は，コンテンツプロバイダはある程度明らかになっているはずである。ウェブサイトを表示しているのであれば，ブラウザの上部に，たとえば「http://www.chuokeizai.co.jp/」などと URL が表示されているはずである。著名なウェブサイトであれば，その URL からコンテンツプロバイダがどこの会社か特定できるが，そうでない場合は，ウェブサイトから「運営者情報」「会社概要」「問い合わせ」などのメニューを探して，運営者の情報を突き止める必要がある。そして，「運営者情報」「会社概要」「問い合わせ」などは，トップページにリンクが設置されていることが多い。トップページとは，そのウェブサイトの中心となるページであり，最初にアクセスされたときに表示されるページである。ほとんどの場合，そこから，各ページに移動できるようにリンクが張られている。前記の例として挙げたのも，本書の出版社ウェブサイトのトップページである。

　ところで，問題の投稿は，トップページに掲載されていないことが多い。すなわち，トップページをみつけないといけない。問題の投稿が表示されているページからトップページへのリンクがあればよいのだが，それがない場合もある。その場合，URL を手入力してトップページに移動する必要がある。やや技術的だが，以下のとおり，いくつかのルールを知っていればさほど難しくない。

　先ほどの出版社でいうと，「http://www.chuokeizai.co.jp/company/message.html」という「ごあいさつ」のページがある。これを例として，URL それぞれの部分の記載の意味と，「トップページ」へのたどりつき方を説明する。

　まず，①はプロトコルを指定する部分である。プロトコルというのは，ここでは接続方法，通信方式を意味する。①は，それを指定する部分であり，「http://」とあるのは，ウェブサイトを表示する一般的な通信方式を示す。なお，「https://」というのもあるが，これは，暗号化や電子署名などがされた「安全な接続」を意味する（最近はむしろ後者が主流である）。

　次に②は，ホストとドメインを指定する部分である。「www」がホスト名であり，ホスト名とは，あとに続くドメイン名「chuokeizai.co.jp」をさらに分類する表記である。少しわかりにくいが，ドメイン名「chuokeizai.co.jp」が会社であるとすれば，ホスト名とは，その「本社」や「支社」，あるいはフロアを示すようなものである。

　ホストとドメイン名とは，いわゆる「アドレス」を指定する部分であり，大雑把な言い方をすると，インターネットにおける住所，インターネットという世界に無数に存在する建物のなかで，その建物の名称，表札を意味するものである。

　なお，「/」は正確にはドメイン名の一部分ではないが，他の部分と「区切る」意味で付けるので下線を引いている。

　次に③であるが，②が建物ならば，その建物のなかでの部屋などを意味するものである。ここでは，「company」とあるので，会社情報に関する部屋であるということがいえる。そして，②つまりホストとドメインが建物とするのであれば，建物はフロアや部屋を自由に階層的に区切ることができる。ワンフロアをぶち抜き1部屋にすることもできれば，1つの部屋のなかにさらに会議室などの個室を設けることもできる。

　なお，ホストについて，フロアにたとえるか，部屋にたとえるかは悩ましいところであるが，使い方の問題である。サーバーレンタル会社によっては，同じドメインを複数名に貸し出し，ホストで区切ることもあり，この場合はホストはフロアのようなもの，と考えて良いであろう。逆に，この例のように，1つのドメインを1社で使っている場合は部屋のようなイメージとなる。

　④は，③というフロアからさらに細かく区切られた部分であり，「message.

html」，つまりメッセージ（「ごあいさつ」）を掲載した場所であることを示している。

　したがって，「/」で区切られている部分を右から順番に１つずつ削っていけば，上の階層に上がっていき，最終的にはトップページに行くことができる。

　この例では，次のようになる。

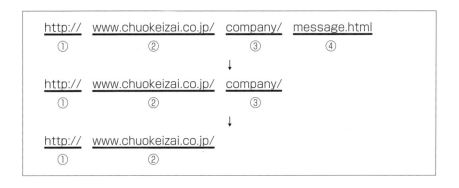

　なお，この方法でもトップページにたどりつけない場合，かつ，最初の「www」の部分がそれ以外の場合，それを削る，あるいは「www」に置き換えると，トップページを開くことができる場合があるので，この点も留意されたい。

・・・

コラム⑤

ウェブページを「証拠」に するときの留意点

　問題のあるウェブページを発見した場合，速やかに証拠化すべきである。
　ウェブページは，簡単に書き換え，削除ができる。したがって，違法な投稿をみつけても，それを事後に削除されてしまうと，証拠がないということで，責任追及が困難になる場合もある。

　証拠化はウェブページを印刷する方法によるべきである。ただし，紙に印刷するのではなく，ブラウザによっては，印刷イメージを PDF ファイルで出力することもできるので，その方法でも良い。スクリーンショットを撮影する，その部分をコピーアンドペーストするなどの方法は基本的に避けるべきである。

　昨今，ネットトラブルに限らず，ウェブページが証拠として提出されることは全く珍しいことではなくなった。ところが，この種の証拠は原本の確認が容易でないため，その証拠価値，信用性に疑義が寄せられることもあり得る。そのようなことを防ぐためには，前記のように印刷をしておくことが重要である。

　裁判例（知財高裁平22.6.29 裁判所ウェブサイト）も，ウェブページが証拠提出された事件において，その紙面には，URL が表示されていたが，インターネット上のアドレスではなくて，PC のドライブ・フォルダ名が表示されていた事例で，「「file://C:¥DOCUME~1¥AE9E3~1.KAR¥LOCALS~1¥Temp¥4LVDJ3A8.htm」（甲39左下欄）（引用者注：これは，印刷したコンピュータの記憶装置内での位置を示す表示であるところ，インターネットではなくてコンピュータに保存されたウェブページを印刷したことを強く推認させる記載といえる）の記載からすると，それがインターネットのURL であると認めることはできず」として，インターネットからの印刷ではないと判断した。その上で，「むしろ前半部の「file://C:¥DOCUME~」の記載からすれば，特定のコンピュータに記録されたホームページのデータであるものと推認される」としている。つまり，インターネットではなくて，その気になれば改ざん容易な当事者のコンピュータ内に記録されていたものと認定している。

　以上を前提に，この証拠を根拠とした主張は認められなかったため，証拠を提出した原告は反論したが，同裁判例は「インターネットのホームページを裁判の証拠として提出する場合には，欄外の URL がそのホームページの特定事項として重要な記載であることは訴訟実務関係者にとって常識的な事項であるから，原告の上記主張（引用者注：前記指摘のように URL が記載されていないことについては理由があるとの主張）は，不自然であり，たやすく採用することができない。そうすると，原告提出の甲39をもって原告主張の営業活動妨害行為があったことを認めることはできず，他にこれを認めるに足りる証拠はない」としている。

　ここでのポイントは，「インターネットのホームページを裁判の証拠として提出する場合には，欄外の URL がそのホームページの特定事項として重要な記載であることは訴訟実務関係者にとって常識的な事項」とまで断言されていることである。したがって，URL の記載がないという場合，それが不自然ではないとする特段の事情を主張立証する必要があり，そうでない限り，相手方がその信用性を争った場合は，証明に支障が生じる可能性が高いといえよう。

　それでは，メッセンジャーアプリのチャットやトークの証拠については，どうだろ

うか。これらは，たとえば不貞事件におけるやりとり，企業法務の場面であれば，契約締結の交渉，双方の生の認識を示す上で有力な証拠になることも多い。訴訟代理をする弁護士にとって，このような証拠を提出することは，最近は日常茶飯事といってよい。

ところが，これらは，アプリの画面に表示されているものであって，URLの表示がない。通常はスクリーンショットを撮影して，それをプリントアウトして証拠提出することになる。それでは，前記裁判例の考えをそのまま当てはめると証拠としての価値が低そうであるが，実際にはそのように扱われていない。ウェブページのようにURLという概念がないということ，スクリーンショットを撮影する以外に証拠化の方法がないことが多いということからすれば，やむを得ないだろう。

なお，仮に信用性に疑義が呈せられたのであれば，スマートフォン等の端末を見れば一目瞭然であり，反証も容易であるため，スクリーンショットによる証拠化は，問題視されていないようである。

(3)　応用編①：コンテンツプロバイダをどのように突き止めるか

前記(2)で指摘したようにトップページにたどりつくことができ，かつ，連絡先（住所やメールフォーム）を発見できれば，あとはそこに後記(6)のような請求を送ればよいということになる。

もっとも，トップページに連絡先の記載がないケースも少なくない。その場合でもコンテンツプロバイダ（サイト運営・管理者）の連絡先を突き止める方法がある。

http://	www.chuokeizai.co.jp/	company/	message.html
①	②	③	④

このURLのうち，②「www.chuokeizai.co.jp」は，ホスト名＋ドメイン名であることは，前記(2)で述べたとおりである。なお，ホスト名＋ドメイン名をあわせてFQDNという。これは，Fully Qualified Domain Nameの略語であり，日本語では完全修飾ドメイン名といわれる。ドメイン名は，世界で1つしかな

く（だからこそ，決まったドメインにアクセスすれば，決まったページが表示
される），登録制となっている。また，それにホスト名（この例では「www」）
を加えれば，接続先が確定できる仕組みになっている。技術的には，前記の①
ないし④を入力すると，コンピュータはウェブサイト表示用の通信ルール（①）
を使って，その上で，②「www.chuokeizai.co.jp」で特定されるコンピュータ
に接続し，そのコンピュータに対して，「company/message.html」という場
所・データを送ってほしいと依頼する流れになる。

　さて，ドメイン名は世界で1つしかなく，登録制であると述べたが，そうで
ある以上，ドメインの登録を管理する機関がある。これをレジストリという。
レジストリは世界各国に存在し，末尾に「.jp」がつくドメイン（日本のドメ
イン）については，株式会社日本レジストリサービスが行っている。実際にド
メインを登録する場合は登録業者に依頼するが，その登録業者を「レジスト
ラ」という。また，レジストラではないが，レジストラと契約し代理店として
ドメインの登録（販売）を行う者も存在する。このようにドメインについては
登録制であり，かつ，管理され，やや乱暴に言えば，世界各国の民間組織によ
る登記制度があるといえる。登記にたとえるのであれば，レジストリは法務局
であり，登記官であり，レジストラは司法書士であるといえる。そして，不動
産登記簿において，所有者の住所氏名が記載されているのと同様に，ドメイン
においても，所有者の氏名（名称）や，住所が登録されることになっている。

　すなわち，トップページを突き止められない，あるいは，記載から連絡先，
運営者がわからないとしても，このドメインに関する記録を閲覧すれば，登録
者の住所氏名がわかるということになる。これも登記にたとえるのであれば，
表札も出ていない，看板も出ていない建物があるとして，それを誰が所有して
いるかわからない場合に，不動産登記簿を閲覧して所有者を探すということに
似ている。

　さて，登記簿であれば法務局にいくか，もしくは，インターネット上で閲覧
が可能である。ドメインについても，情報の閲覧サービスがあり，それは
WHOIS と呼ばれている。世界各国，各社が運営しており，基本的に無料の

サービスである（前記のレジストラが，ドメイン登録サービスを運営するにあたり，「ドメインがすでに取られていないか」を顧客にチェックさせるために運用しているものも多い）。末尾が jp のドメイン（jp ドメイン）については，株式会社日本レジストリサービスが運営している WHOIS がある（https://whois.jprs.jp）。これによると jp ドメインしか検索できないが，他のドメインについては，各国に WHOIS がある。また，「WHOIS」でインターネット検索すれば，さまざまな WHOIS サービスをみつけることができる。

　なお，これはあくまでドメイン名で検索ができるだけである。すなわち，前記の例②「www.chuokeizai.co.jp」であれば，ホスト名「www」の部分は除き，ドメイン部分である「chuokeizai.co.jp」で検索しなければならない。これは，建物は登記されるが，その建物の3階フロアや512号室などは，（区分所有でもない限りは）登記されないことと同じことである。

　さて，ドメインでないと検索できず，ホストは除かなければならないとすれば，どれがドメインでどれがホスト名かが問題になるが，これは，「コラム⑥：ドメインの読み方とホスト名との区別」で解説する。なお，正確にわからなくても「.」（ピリオド）で区切られている部分を左から1つずつ消していけば，ドメインを取り出すことは可能である。この例でいうと，最初に「.」で区切られているのは「www.」の部分までなので，それを消して「chuokeizai.co.jp」と取り出すことができる。また，ホスト名は階層化することができ，たとえば，「kasumigaseki.chiyodaku.chuokeizai.co.jp」というような場合もあるが，この場合も「kasumigaseki」「chiyodaku」と消していけば「chuokeizai.co.jp」が取り出せる。

　WHOIS サービスで確認をすれば，登録者の名前が明らかになり，それが社名であれば，インターネットで検索すると連絡先を突き止めることも可能であり連絡先の住所が記載されている場合もある。もっとも最近は，氏名または名称のみ，あるいはそれすらも登録されていないケースが増えている。その場合の対応については，後記(4)において解説する。

ドメインの読み方と　　ホスト名との区別

　前記⑶で説明したとおり，WHOIS で登録情報を調べるには，「http://www.chu
okeizai.co.jp/company/message.htm」といった URL から，ドメインを取り出
す必要がある。FQDN つまり，「www.chuokeizai.co.jp」という部分までであれば，
最初のプロトコルを指定する部分である「http://」を削り，次に「/」が出てくる部
分以降を削れば取り出せるので，ここまでは問題はない。

　問題はここからで，各文字列が「.」で区切られているが，どの部分にどのような
意味があるか，一見してわからないときである。前記の例では，ホスト名が一番左の
「www」であるが，前記⑶で指摘したように，これが「階層化」している場合もある。
「kasumigaseki.chiyodaku.chuokeizai.co.jp」とある場合，ドメインが「chuokei
zai.co.jp」であると判断するのは，この方法では難しい。

　これを正しく判断し，また，ドメインのもつ意味を理解するには，以下のような
ルールを知ることが必要である。

```
www.      chuokeizai.    co.    jp
①             ②          ③     ④
```

①　第 4 レベルドメイン（ホスト名）
②　第 3 レベルドメイン
③　第 2 レベルドメイン
④　トップレベルドメイン

　ドメインは，右からトップレベル，第 2 ……と，読んでいく。④つまり，一番右の
ドメインは，トップレベルドメインと呼ばれ，予約，指定されている。この例では，
「jp」つまり日本であることが示されている。③の部分は，「co」であるが，これは
「company」，つまり会社であるということを示している。この部分も予約，指定さ
れている。④と③をあわせて，「日本の会社」という意味になる。なお，いずれも予
約，指定されており，登録者は選ぶこと（たとえば，国を限定しない単に会社という

意味の「.com」を選ぶなど）はできても，自由に設定はできない。また，この自由に設定できない種類を示す部分は，2つあるとは限らず，たとえば，「yahoo.com」のように，1つしかない場合（この場合は，単に国を限定しない会社，という意味になる）もある。

　ここで気がつかれた読者も多いと思うが，西洋の住所表記と同じで，ドメインは右から左に，大分類から小分類にというように記載されている。②の部分は，登録者が設定した名称である。前記の例では，「chuokeizai」つまり中央経済社とされている。①の部分はホストあるいはサブドメインと呼ばれる部分である。これは，登録者が自由に設定でき，さらに「kasumigaseki.chiyodaku.chuokeizai.co.jp」というように階層化も可能である。

　さて前記(3)で解説したとおり，WHOIS で登録者を調べるには，ホストを除いたドメインを取り出す必要がある。以上のルールを前提にすると，次のような読み方をすれば，ドメインが取り出せる。

Ⅰ　右から順番に「.」単位で読んでいく。
Ⅱ　「予約された固定のドメイン部分」が終わるまで読んでいく。
Ⅲ　Ⅱが終わった次に出てきた最初のドメイン部分を読む。
Ⅳ　Ⅲ以降の文字列がドメインであり，それより左側はホストである。

　もっと単純にいうと，「任意に希望できない（固定された）ドメイン部分の次までがドメイン」ということになる。前記の例でいうと，日本を示す「jp」そして会社を示す「co」は固定されており，次の「chuokeizai」が任意に希望できる部分なのでここまで，つまりは「chuokeizai.co.jp」が，ドメインとなる。

　ここで，この「固定された」ドメイン部分かどうかの区別が問題になるが，基本的には，2文字か3文字か，程度の基準で考えれば良い。もちろん例外はあるが，ほとんどの場合は，「.com」のように3文字で1つ（ピリオドで区切られた部分が1つという意味）か，「co.jp」のように2文字のものが2つということが多い。最近は，「.jp」1つというようなケースも増えている。

　なお，以上の方法でハッキリとわからなくても，結局は左から「.」で区切られている部分ごとに1つずつ削っていけばわかるので，これが問題になることは稀であろう。

⑷　応用編②：コンテンツプロバイダをどのように突き止めるか

前記⑶では，WHOIS でコンテンツプロバイダを特定する方法を解説したが，これは，登記簿から所有者の氏名・住所を割り出すような方法である。

ところが実際に，特に会社登記で問題になっているが，住所が登記されることについての抵抗が大きい。会社名がわかれば会社の登記が明らかになる，そして会社登記には代表取締役の登記があり，代表取締役の住所は登記事項であるので，登記から代表取締役の住所が明らかになる。最近は，インターネットで登記簿が閲覧できるサービスも存在しており（たとえば，一般財団法人民事法務協会が運営する https://www1.touki.or.jp など），容易に登記を閲覧することができる。社名を知られると代表者は氏名だけではなく住所までも容易に明らかになる。個人情報保護の要請が高まっている今日において，このような制度は批判も多い。そのため，法務省は，インターネット上では代表取締役の住所は表示せず，法務局での閲覧は，将来的に制限する方針を示している（2019年11月脱稿時）。

さて，これをドメインの場合に置き換えて説明すると，ドメインの登録においては，登録者の氏名（場合によっては住所）が記載され公表されるのが通常である。例に挙げた「chuokeizai.co.jp」では，所在地は公表されていないが名称は明らかであり，かつ，それで検索すれば容易に所在地を突き止めることができる。ただし，ドメインの登録においても前記と同じような問題はある。インターネットにおいては，通常は匿名で活動することが多い。そうなると，独自ドメインを登録して活動をするためには本名を明らかにしなければならないことになると，ハードルが高い。

そこで，レジストラつまりドメインの登録業者においては，「WHOIS Privacy Protection」などと称して，名前を登録しない，代わって登録業者の名前を登録して貰うというサービスが一般に提供されている。ほとんどのケースでは，会社のように名称を隠す必要がない場合を除いて，このようなサービスを使用して名前が隠されている。このような場合，WHOIS だけから名前は

もちろん，連絡先を知ることはできない。そこで，このような場合にどのように
にコンテンツプロバイダを突き止めるのだろうか。

　前記1(3)で述べたとおり，インターネットにおけるウェブサイトの表示というのは，テレビ放送の受信等とは異なり，特定のコンピュータ（サーバ）にデータがほしいということを「リクエスト」する連絡を送り，そのサーバが，そのリクエストを受けて，リクエストをした相手にデータを送るという流れとなる。したがって，仕組み的には「www.chuokeizai.co.jp」とURLを入力した場合，そのコンピュータは「www.chuokeizai.co.jp」に接続をしてデータをリクエストするわけで，少なくとも，URLがわかれば接続先はわかるという関係にある。

　もう少し詳細を述べると，インターネットに接続されているすべてのコンピュータには，IPアドレスという特定の数字（最近は文字も含まれることがある）が振られている。これは，電話機がそれぞれ電話番号をもってそれぞれを識別して接続するように，個別のコンピュータを識別する役割を果たしている。IPアドレスは，同じ電話番号をもつ電話が複数あると電話として成り立たないのと同様に，同じIPアドレスはインターネット上に，2つとして存在しない。したがって，各電話番号を電話会社が管理しているのと同様に，各IPアドレスも，プロバイダ（接続業者）が管理している。これについては，同じくWHOISサービスで調査することが可能である。

　さて，数字の羅列であるIPアドレスではなくて「www.chuokeizai.co.jp」のような文字列，つまりホスト名＋ドメイン名で接続できるのは，次のような仕組みがあるからである。まず，DNS（Domain Name System）サーバというコンピュータに「www.chuokeizai.co.jp というコンピュータに接続したいのですが，IPアドレスを教えてください」と問い合わせて，そこからIPアドレスを教えてもらい，改めてそのIPアドレスに接続をして，前記のようにデータをリクエストして送信してもらっているのである。たとえるならば，電話帳で社名を引いて，電話番号を手に入れて，電話をかけるという動作に近い。

　すなわち，「FQDNがわかればIPアドレスがわかり，IPアドレスがわかれ

ば，その管理業者がわかる」ということになる。したがって，FQDN から IP アドレスを調べて，その管理業者（通常は，そのサーバをレンタルしている会社）を割り出せば，そのウェブサイトの運営者本人でなくても，ウェブサイトが運営されているサーバをレンタルしている会社は割り出すことが可能である。たとえるならば，建物の住民を割り出すことはできなくても，その建物を住民に賃貸している業者を割り出すことはできるということに似ている。そして，住民に請求することができなくても，住民が建物を利用して迷惑行為を行っている，つまりレンタルしたサーバを利用してこちら（企業）の権利を侵害する情報を発信しているのであれば，賃貸人（サーバ）に連絡をすれば，対処をしてもらえる可能性があるということである。

　では，実際に，FQDN から IP アドレスを，そして，その IP アドレスの管理業者（プロバイダ）を突き止める方法を解説する。

　FQDN から IP アドレスを，そして IP アドレスの管理者を探し出すサービスは，各所で運営されている。なかでも有名なのが，シーマン株式会社の運営するサービス（https://www.cman.jp/network/support/ip.html）である。これは，FQDN から IP アドレスを検索する，そして，IP アドレスから，その管理業者の情報を検索してくれるサービスである。

　それでは，前記の中央経済社のウェブページを例として，IP アドレスと管理業者の特定を試みることにする。

　まず，このページの検索欄「グローバル IP アドレス または ドメイン」に FQDN である「www.chuokeizai.co.jp」を入力して「管理情報照会実行」をクリックする。そうすると，この FQDN から引かれた IP アドレスが，「入力の逆引き または 正引き」欄に表示される。ここにいう「入力」とは，まさしく先ほど入力した「www.chuokeizai.co.jp」のことである。「正引き」「逆引き」の意味であるが，インターネットにおいてサーバにアクセスしようとするとき，FQDN から IP アドレスを問い合わせ，その結果得られた IP アドレスに接続をすることになり，通常どおり FQDN から IP アドレスを引くことを「正引き」といい，逆に IP アドレスから，FQDN を引くことを「逆引き」という。

電話帳のたとえでいうと，社名から電話番号を引くのは正引きであり，電話番号から社名を引くのは逆引きであるということになる。今回は，「www.chuokeizai.co.jp」からIPアドレスを引いているので，「正引き」ということになる。

さて，ここで無事に出てきたIPアドレスを控えておき，前ページに戻って再び「グローバルIPアドレス または ドメイン」欄にIPアドレスを入力して「管理情報照会実行」をクリックする。そうすると，再び先ほどと同じような画面が現れる。このとき，「入力の逆引き または 正引き」の欄には前回と異なり，「www.chuokeizai.co.jp」とあるが，これは先ほど触れたようにIPアドレスからFQDNを「逆引き」したためである。

さて，この画面には今回入力したIPアドレスの管理業者が表示されている。画面を下にスクロールすると，「問合せ先（Whoisサーバ）」というものがあり，そこにIPアドレスの管理業者などの情報が掲載されている。いくつかの業者が表示される場合もあるが，直接の管理者は，冒頭の「netname:」とある部分と「descr:」とある部分に記載された会社である。また，同時に住所も表示される。なお，業者によって表示の形式は異なる。ケースによっては，「［組織名］」というように日本語で表示される場合もある。

いずれにせよ住所の記載があればそこから，なくても管理業者名をネットで検索すれば，管理業者の情報を容易に取得することができる。

(5) コンテンツプロバイダの責任

前記(2)～(4)で紹介した手法により，連絡先（請求先）が明らかになったのであれば，いよいよ請求内容を決めて請求をするという段階になる。法的に請求が可能なのはもちろん，請求される側の法的責任の限度である。100万円しか貸していないのに200万円を請求したら，それは不当な請求になる。そこで，ここでは，請求内容（後記(6)）を前提として，コンテンツプロバイダの責任について解説したい。

結論からいうと，コンテンツプロバイダは，原則として違法な投稿について

賠償責任を負担しない。単に，違法な投稿がある場合，請求を受けて削除をする，あるいは，違法な投稿があることを知りながらあえて放置したなどの場合に賠償責任を負担するにすぎない。これは，前記1(2)(3)で解説したような事情によるものであり，すなわち，掲示板（コンテンツプロバイダ）に違法な投稿がされたとしても，それを投稿したのは投稿者であってコンテンツプロバイダではない。仕組み上は，その違法な投稿はコンテンツプロバイダが配信しているが，コンテンツプロバイダは，あくまでも投稿者の投稿内容をそのまま記録して，配信している，つまり媒介しているだけである。新聞や週刊誌であったら，掲載までに編集部による手が加わりチェックもされるが，インターネットの掲示板等のコンテンツプロバイダにはそのような仕組みはない。したがって，コンテンツプロバイダには責任がなく，投稿者に責任があるが，配信しているのはコンテンツプロバイダであるので，（責任のない）コンテンツプロバイダに請求をするということになる。

　なお，コンテンツプロバイダには原則として責任はないが，違法な投稿を知りながら放置していれば，責任が生じることもある。「原告がネズミ講の主宰者，詐欺師やペテン師など犯罪者であると指摘するものであって，原告の名誉を侵害することが明らかなものであり，しかも，これを真実であると認める事情は見当たらない」という事案において，さらに訴訟の進行過程において原告（被害者）が，この内容が「真実であると認める事情のないことが一層明らかに」なる証拠が訴訟で提出されているにもかかわらず削除をしなかった事案で，被告（コンテンツプロバイダ）は，「本件各投稿記事により原告の権利が侵害されていることを知ることができたと認めるに足りる相当な理由（プロバイダ責任制限法3条1項2号）があるといえるから，被告において本件各投稿記事の削除を行わないことは原告に対する不法行為を構成する」（神戸地判平27.2.5　平成26年（ワ）第241号 D1-Law.com）とした事例がある。要するに，単に投稿を掲載しているだけの立場であっても，その投稿が違法であることが明らかであれば削除する義務があり，これを怠ると賠償責任を負担するというものである。

　実務上，コンテンツプロバイダの法的責任に発展するケースは稀である。なぜなら，プロ責法においては「当該関係役務提供者が当該特定電気通信による情報の流通によって他人の権利が侵害されていることを知っていたとき」（同法3条1項1号）でなければコンテンツプロバイダは責任を免れる（同項柱書）とされているからである。逆に，前記の裁判例では，コンテンツプロバイダが違法な投稿があることを「知っていた」のであるから，賠償責任を負担するとされたのである。

　さらにプロ責法は，「当該特定電気通信役務提供者が当該特定電気通信による情報の流通によって他人の権利が不当に侵害されていると信じるに足りる相当の理由があったとき」（同法3条2項1号）は，投稿を削除してもコンテンツプロバイダは投稿者に対して責任を負担しないとされている。加えて，この場合の他，削除に応じるかどうか意見照会をして7日以内に投稿者から返事がないのであれば，同じく削除しても責任を負わない（同項2号）。

　要するにコンテンツプロバイダは，削除請求に対しては，ひとまず投稿者に意見照会をして7日以内に返事がなければ削除をすることで責任を免れるということになる。すなわち，よほど判断を誤らない限り，コンテンツプロバイダに責任が発生することは稀であり，したがって請求者からすれば賠償請求できることもまずないといえる。

　すなわち，コンテンツプロバイダの責任は以下のようにまとめられる。

Ⅰ　コンテンツプロバイダは，投稿内容については原則として責任を負わない。

Ⅱ　コンテンツプロバイダは，違法な投稿を知りながら放置していると，被害者に対して責任を負担する。

Ⅲ　コンテンツプロバイダは，次のいずれかの場合は，その投稿を削除しても投稿者に対して責任を負わない。

　ⅰ　違法であると信じるに足りる相当な理由がある

　ⅱ　投稿者に削除に同意するか質問をして7日以内に返事がないとき

　コンテンツプロバイダは，間違って削除「しない」と被害者に，間違って削除「する」と，投稿者から責任を問われる可能性がある。しかし，間違って削除「する」については，違法性について「相当の理由」があれば削除が適法化される。また，投稿者に質問をして7日以内に連絡がない場合も同様である。

　したがって，コンテンツプロバイダとしては，「迷ったら削除」すれば責任を免れることが多い。また，投稿者も，コンテンツプロバイダから削除に応じるかどうかの意見照会を受けた場合，「驚いて」削除に同意し，あるいは自ら削除するケースがかなり多い。合理的に判断する限りは，コンテンツプロバイダが責任を負担するケースは稀である。

・・

コラム⑦

コンテンツプロバイダかどうか

　コンテンツプロバイダとは，他人の投稿などを記録してそれを配信し通信を媒介する者をいい，掲示板サービスの管理者などがこれに当たる。その他，ブログサービスの提供事業者や，ウェブサイトのレンタル業者もこれに当たる。ところで，コンテンツプロバイダかどうかがわかりにくいケースも多い。そこで，以下ではいくつかのケースを想定して整理したい。

①掲示板サイト
a 掲示板サイトの管理者・運営者
　通常，「運営者の連絡先」などと表示されていることが多く，前記(2)(3)で突き止めることができる。投稿者の投稿を媒介して配信するので，コンテンツプロバイダに該当する。
b 掲示板サイトが設置されているサーバのレンタル会社
　前記(4)で突き止めることができる。物理的な設備を提供して，掲示板サイトの管理者が行う通信の媒介を実行しているのであるから，これもコンテンツプロバイダに該当する。

②ニュースサイト・ブログ等
a ニュースサイト・ブログ等の管理者・運営者

　これも①aと同様に「運営者の連絡先」などと表示されていることが多く，前記⑵⑶で突き止めることができる。

　ただし，これらのサイトは運営者の他に投稿者がいるのではなくて，運営者自身が記事を書いて投稿をしている。したがって，第三者ではなく，他ならぬ自分自身の投稿を配信しているのであるから，コンテンツプロバイダには当たらない。

b ニュースサイト・ブログ等が設置されているサーバのレンタル会社

　これも①bと同様に前記⑷で突き止めることができる。これらのサイトは運営者自身が投稿をしているが，サーバのレンタル会社から見ると，運営者も第三者である。したがって，サーバのレンタル会社は，第三者であるサイトの運営者の通信を媒介しているので，コンテンツプロバイダに該当する。

③　**ニュースサイト・ブログ等の「コメント欄」の問題**

　それでは，ニュースサイト，ブログの記事そのものには問題ないが，コメント欄に違法な投稿が掲載された場合については，どうなるだろうか。

　最近は，ニュースサイト，ブログのコメント欄に多くの投稿がされることも珍しくない。また，そういう「盛り上がり」を期待して，サイト側もコメントを歓迎していることも多い。この場合は，①と同様に，サイトの運営者もサーバ会社も，どちらもコンテンツプロバイダになる。つまり，コメント欄との関係においては，ニュースサイト・ブログ等の運営者は，掲示板サイトの運営者と同じであるということになる。これは，コメント欄の投稿者は，コメントをした者であり，ニュースサイト・ブログ等の運営者は，そのコメントを媒介する立場になるからである。

＊　　　＊　　　＊

　以上のとおり，プロバイダというと業者を想像しがちだが，他人の通信を媒介する役割を担えば，個人でも（コンテンツ）プロバイダになり得る。そして，コンテンツプロバイダつまり通信の媒介者が，複数あり得る（サイトの運営者とサーバのレンタル会社）ということは，請求をスムーズに進めるための重要なポイントであるので留意されたい。

(6)　コンテンツプロバイダへの請求内容

　前記(5)においてコンテンツプロバイダの責任ついて，解説をした。

　コンテンツプロバイダは，原則として賠償責任を負わないことになるが，そのような責任を負わなくてもコンテンツプロバイダに対して削除請求をすることは可能である。ここでは，まずその法的構成に触れ，次に具体的な請求内容について解説する。

　自然人であっても会社のような法人であっても，人格権の一種として名誉権という権利を有する。人格権とは，人が社会生活上有する権利や自由のことをいい，自然人であれば，肉体的な自由もこれに含まれる。

　名誉権とは，人に対する社会的評価に関する権利のことであり，社会的評価を低下させる行為について賠償請求等をすることができると解されている。一方，人格権は，誰に対しても主張できる物権的性格があるとされている。したがって，人格権を侵害する者があれば，誰に対しても，その賠償や排除を請求することができる。

　ここで「物権」という言葉が出てきたが，これは「債権」と対になる概念である。物権は物に対する支配権であり，債権は人に対する請求権であると説明される。

　物権は物に対する支配権であり，そうである以上は，誰に対しても主張することができるのが原則である。ある物を支配していることは，誰との関係であっても，同じことであるからである。物権の典型は所有権であり，たとえば会社の場合，自社ビルであれば社屋について所有権をもっている。そして，自社ビルが「自己の所有するもの」であることは誰に対してでも主張できる。したがって，物権は誰に対しても主張できる権利ということになる。絶対的な権利であるという言い方もされる。

　一方で，債権は人に対する請求権である。誰かに何かを請求できる権利であるので，その請求できる者以外には主張できないのが原則である。たとえば，会社が取引先Aに売掛金債権を有していたとする。この場合，会社はAに対し

てはもちろん売掛金を請求することができる。しかし，別の取引先Bには，当然に売掛金を請求することができない。したがって，債権は，相対的な権利であるとされる。

　さて，ネットの投稿で問題になる「名誉権」あるいは「営業権」「著作権（人格権の一種ではないが，財産権の一種で，物権的な性格が著作権法により与えられている）」といった権利は，いずれも物権的な性格をもっており，誰に対しても主張することができる。そして，物権（と物権的な性格をもつ権利）の性質として，それを妨げる者に対しては，その差止め・排除を求めることができる。たとえば，自分の土地に隣の立木が倒れてきた場合，その立木の所有者に対して，自分の土地の所有権に基づき，その立木の撤去を求めることができる。これは，妨害排除請求権と呼ばれる。

　同様に，人格権にも妨害排除請求権が認められ，たとえば騒音がうるさいなどの場合に，その状態の排除，差止めを求めることができる。これは損害賠償請求と違って，故意や過失，賠償責任の有無は問題にならず，つまり，客観的に第三者の物権（と物権的な性格をもつ権利）を侵害していれば，妨害排除請求権が発生する（大判昭12.11.19 民集16巻1881頁）。したがって，コンテンツプロバイダに賠償する責任がないとしても，被害者は，コンテンツプロバイダが媒介する通信により損害を被っているのであれば，その状態の排除，つまり投稿の削除を請求できるということになる。実務上，これは「送信防止措置請求」といわれている。

(7)　コンテンツプロバイダへの請求書面

　コンテンツプロバイダへ請求をする際に送付する書面の書式は，社団法人テレコムサービス協会が運営するウェブサイト「http://www.isplaw.jp」に掲載されており，「名誉毀損・プライバシー関係書式（PDF）」とある部分に掲載されている。

　書式は，被侵害権利（侵害された権利）別になっているが，ここでは，一番頻度が高いと思われる「名誉毀損・プライバシー」の書式（PDF ファイルの

１頁目。令和元年 7 月現在）を例として記載方法を説明する。

① 「至［特定電気通信役務提供者の名称］御中」とある部分には，コンテンツプロバイダの名称を記載する。

② 「［権利を侵害されたと主張する者］」とある部分には自分の（自社の）名前（名称）と住所（所在地）を記載する。

③ 「掲載されている場所」の欄に，問題の投稿が掲載されているウェブページの URL を記載する。ただし，トップページではなく，「それを入力すれば問題のページが表示される URL」を指定するようにする。なお，そのページが大きく，複数の投稿がある場合は，その場所や投稿番号も併記して特定するとよい。

④ 「掲載されている情報」の欄に，問題の投稿を記載する。なお，前記ウェブサイトの記載例では「例：私の実名…」というように，記載の評価もあわせてあるが，実務上は，投稿の内容をそのまま掲載する例が多いので，そのように記載すべきである（受け取ったプロバイダにとってもそうしたほうが把握しやすい）。評価については，後記⑤⑥に記載すれば良い。例として，「X社は自社製品に発火する危険があるのにそれを黙って出荷している」という記載については，これをそのまま記載すればよく，「当社の製品について危険な欠陥があるという事実無根の記載により当社の名誉と信用が害された」というような記載に変える必要はない。

⑤ 「侵害されたとする権利」の欄に，侵害された権利を記載する。名誉権，営業権，信用，個人の場合は加えてプライバシーなどである。明白に異なるものを記載すべきではないが，権利侵害の可能性があるものは列挙すべきである。どのような場合にいかなる権利が侵害されるかについては，第 2 章を参考にされたい。

⑥ 「権利が侵害されたとする理由（被害の状況など）」の欄に，④で記載した内容の法的評価を記載する。たとえば「X社は自社製品に発火する危険があるのにそれを黙って出荷している」という記載であれば，「当社の製品につ

いて危険な欠陥があるという事実無根の記載により当社の名誉と信用が害された」とする。なお，「（被害の状況など）」とあるが，基本的に記載は必須ではない。権利侵害の有無は，一般読者を基準に表現内容から判断する（前掲最判昭31．7．20民集10巻8号1059頁）ことになるためである。もっとも，説得力を増すためには，記載するに越したことはない。

⑦　「発信者へ氏名を開示して差し支えない場合は，左欄に○を記入してください。○印のない場合，氏名開示には同意していないものとします。」とある欄について，通常は「○」をつけない，つまり氏名の発信者（投稿者）への開示を拒絶するケースが大多数である。これは，個人の場合，たとえば匿名掲示板上で，筆名などに対して中傷された者など，自分を中傷している者に自分の実名を明かすことには抵抗がある場合を想定している。一方，会社の場合は，そのような配慮は必要がないし，むしろ，被害会社が法的措置をとっているということは，発信者に対してインパクトがある。したがって，特に，「（被害の状況など）」の部分に秘しておきたい事情がない限りは，「○」をつけるべきである（削除や発信者情報開示請求があった場合に，発信者が意見照会されることについては，前記(5)で触れたが，詳細は後記5で解説する）。

⑧　なお，添付書類として本人確認資料，つまり法人であれば登記事項証明書や印鑑証明書を要求されることもある。ただ，この確認はプロバイダごとにまちまちであるので，当初は添付せず，要求された場合に添付を検討すればよい。なお，弁護士である代理人による場合は，委任状の添付は不要なのが実務上の取扱いである。

郵送方法については，書留や特定記録など到達がわかるものがよいが，内容証明郵便にまでしないことが多い。なお，以上のような正式な書面ではなくて，入力フォームでの削除請求を受け容れているコンテンツプロバイダにおいてはそれによればよい。メールでも受け付けているのであれば，前記の書面をスキャンしたPDFを添付して送る方法によることもできる。

コンテンツプロバイダに削除請求が到着後早ければ即日ないし1日，2日程度，遅くても1週間以内に削除してもらえることが多い。これは，前記(5)で指摘したとおり，コンテンツプロバイダには基本的に投稿について責任がない（プロ責法3条1項）ためであり，削除しても責任を自認したことにはならないためである。一方で，発信者に意見照会をして7日経過すれば削除しても発信者から責任追及されることはなくなるし（同法3条2項2号），さらに実務上ほとんどの場合，発信者は意見照会を受け取った時点で，「驚いて」自ら削除する。逆にコンテンツプロバイダが投稿を放置すれば，自ら責任を問われるかもしれない。コンテンツプロバイダが，他人の投稿についてわざわざリスクを負担することは合理的ではない。

　以上のとおり，削除請求については基本的に大きな問題はない。しかし，一定の場合は，自社対応せずに弁護士に依頼して代理請求を検討すべき場合もある。主に以下のような場合は相談を検討されたい。

Ⅰ　海外法人の場合など請求先が特定し難い場合

　そもそも郵送先が特定できず，裁判手続が必須になることも多いためである。裁判手続となると，代表権のある取締役の出廷が必須になるため，（代表者があえて出廷してもよいというような事情がない限りは）必然的に弁護士代理が必要となる。

Ⅱ　請求に応じない一部のコンテンツプロバイダの場合

　もっとも，見分けがつきにくく失敗してから弁護士に相談するケースが多い。以下で述べるとおり，内容がハイリスクである場合には，最初から弁護士代理を検討してもよいだろう（リスク高低の判断については，第4章で詳述する）。

Ⅲ　ハイリスク案件

　一般的な傾向として，コンテンツプロバイダは削除に応じることが多い。しかし，削除に応じないケースもあり，この場合，「一度拒絶すると，その後に請求をかけても判断を翻さない」傾向が強い。そうなると，一度，社内対応をして削除ができなかった場合は，弁護士に代理を依頼しても裁判外請求では削除を達成することが難しく，結局は，裁判上の請求（詳細は後記4で解説す

る）によるしかなくなる。

　したがって，裁判上の請求になり，削除に時間がかかってもやむを得ないというケースではあればともかく，ハイリスクつまりはすぐに削除されないと困るものについては，弁護士代理も積極的に検討すべきといえる。

　もっとも，ほとんどのケースでは削除請求は任意に応じてもらえるため，これが問題になることはさほど多くない。

3 発信者情報開示請求

(1) インターネット投稿問題の「解決」とは何か

インターネットに違法な投稿をされて，それにより名誉権や営業権を侵害された場合，その解決としてイメージされるのは，どのような「結末」であろうか。

素直に考えると，そのような投稿を削除するということが思い浮かぶ。しかしながら，たとえ削除をしても，もう一度同じ投稿がされれば同じことであり，いたちごっこである。また，仮に投稿が削除されたとしても，その投稿により生じた損害が回復されるというものではない。要するに傷口が塞がって出血している状態は治るが，これまでに出て行った血液は戻ってこないということになる。

したがって，真の解決として，投稿により生じた損害すべてを賠償させることを目指す。

もっとも，前記 1 (2)(3)で解説したとおり，問題の投稿を媒介しただけのプロバイダに責任はない。真に責任があるのは発信者であるが，これとは直接通信をしない，つまり接触しない当方（被害者）としては，それが誰であるかは知り得る立場にない。したがって，何らかの方法により発信者を突き止める必要が出てくる。そのための手続が，「発信者情報開示請求」である。

(2) 発信者情報開示請求とは何か

テレビ放送であれば，テレビ局は直接視聴者にデータを配信している。したがって，仮に自己の権利を違法に侵害する内容の放送がなされた場合，テレビ局に対して直接責任追及をすることができる。

しかし，インターネットの情報発信の仕組みはテレビ放送とは異なる。投稿者が読者にデータを直接配信するのではなく，経由プロバイダとコンテンツプロバイダがそれぞれ通信を媒介する仕組みとなっている。そのため，単なる媒

介者であるプロバイダに責任はないのが原則である。真の責任者である投稿者とは直接通信をしないのでみつけることも，責任追及をすることもできないということになる。もっとも，閲覧者は投稿者と直接通信をしないが，プロバイダとは通信する。したがって，プロバイダには投稿者との通信記録が残っており，それをたどれば，投稿者をみつけることができる。

【投稿者が情報を投稿するときの情報（通信）の流れ】

＊矢印は情報の流れ

発信者 → 経由プロバイダ → サーバ（コンテンツプロバイダ）

　逆の順番，つまりコンテンツプロバイダから順番に見ていくと，次のようなことがいえる。すなわち，コンテンツプロバイダは経由プロバイダの回線を利用した通信を受け取っているから，経由プロバイダがどこかはわかっている。次に，経由プロバイダは契約をしている発信者（投稿者）からの依頼を受けて通信を媒介しているわけであるから，契約者つまり発信者が誰かを知っているということになる。これを発信者を突き止めたい側から見ると，コンテンツプロバイダから経由プロバイダに関する情報を取得し，それを元に，経由プロバイダから発信者である契約者の情報を取得すればよいということになる。

　このように，発信者を突き止めるのに役に立つ情報を法律上，発信者情報といい，この情報をコンテンツプロバイダや経由プロバイダに開示するよう請求することを発信者情報開示請求という。

(3) 請求できる情報と法的根拠・要件

　発信者情報開示請求は，端的には，発信者つまり投稿者の情報を，その投稿の情報を媒介したプロバイダに請求するというものである。すなわち，「請求」するのは「発信者」の「情報」の「開示」ということになる。実際の条文は以下のとおりである。

【特定電気通信役務提供者の損害賠償責任の制限及び発信者情報の開示に関する法律4条】

　特定電気通信による情報の流通によって自己の権利を侵害されたとする者は，**次の各号のいずれにも該当するときに限り**，当該特定電気通信の用に供される特定電気通信設備を用いる特定電気通信役務提供者（以下「開示関係役務提供者」という。）に対し，当該開示関係役務提供者が保有する**当該権利の侵害に係る発信者情報**（氏名，住所その他の侵害情報の発信者の特定に資する情報であって総務省令で定めるものをいう。以下同じ。）の開示を請求することができる。

　一　**侵害情報の流通によって**当該開示の請求をする者の**権利が侵害されたことが明らかであるとき。**

　二　当該発信者情報が当該開示の請求をする者の**損害賠償請求権の行使のために必要である場合その他発信者情報の開示を受けるべき正当な理由があるとき。**

※強調（要件の中心箇所）は筆者

「特定電気通信による」とは，プロ責法2条1号に定義があるが，放送や1対1の通信ではなくて，掲示板やブログの投稿の配信など不特定多数への通信をいう。

次に「情報の流通によって」とは，この法律の対象になるのは，あくまでも情報の流通が被害の原因になっているものに限られるという趣旨である。もう少しわかりやすくいうと，問題の情報が流通することによって，つまりは不特定多数に閲覧されることによって被害を受けるということが要件になる。1対1での通信や脅迫投稿については，基本的には対象にならない（もちろん不法行為や犯罪の問題は生じる）。この「情報の流通によって」の要件は，専門家でも誤解する者が多いので，注意が必要である。

「自己の権利を侵害されたとする者は」の要件であるが，これは，権利侵害のあることという趣旨である。実際にはこれよりも加重されているが，それは「1号」に定められている。

「次の各号のいずれにも該当するときに限り」とある部分は，要件として，「1号」「2号」の両方を満たすことが求められているというものである。これ

らの2要件については，後に説明する。

「当該特定電気通信の用に供される特定電気通信設備を用いる特定電気通信役務提供者（以下「開示関係役務提供者」という。）に対し」とは，請求先がプロバイダになるということである。

「当該開示関係役務提供者が保有する当該権利の侵害に係る発信者情報（氏名，住所その他の侵害情報の発信者の特定に資する情報であって総務省令で定めるものをいう。以下同じ。）」とは，プロバイダが保有している情報のうち，発信者の「特定に資する」情報が開示の対象になるという趣旨である。なお，「特定に資する情報」とは，要するに「特定に役に立つ情報」である。発信者が直ちに特定できる情報であるとは限らないし，それに限定されない。後記(4)で解説するが，コンテンツプロバイダに発信者情報開示請求をした場合，開示されるのはIPアドレスと投稿時間である。IPアドレスは貸出制で，同じ時間に利用している者は原則として1人ないし1つの契約に基づくため，この情報は，発信者を特定することに役に立つ。つまり「特定に資する情報」といえるが，これだけでは直ちに特定できない。要するに，発信者情報開示請求で得られる「発信者情報」とは，発信者が直ちに特定できる情報そのものに限定されず，役に立つ情報であるということである。

「開示を請求することができる」とあるのは，以上の要件を満たした場合，プロバイダに発信者情報開示請求ができるという意味である。なお，この法律に限らないが，法律上「できる」とある場合は，それを法的な権利として主張して，裁判上でも請求することができ，それを強制できる，請求される側からすれば法的な義務であるという意味である。たとえば，債務不履行つまり契約違反があった場合は，「債務者がその債務の本旨に従った履行をしないとき又は債務の履行が不能であるときは，債権者は，これによって生じた損害の賠償を請求することができる」（民法415条1項本文）とあるが，これは，法的に契約違反の損害賠償を強制できるという趣旨である。

次に，本条（プロ責法4条1項）には，1号と2号が定められており，発信者情報開示請求は，前記のとおりこの両方を満たすときにできるとされている。

　まず，1号のうち，最初の部分，「侵害情報の流通によって当該開示の請求をする者の権利が侵害されたこと」については，侵害情報の流通，権利侵害が要件になっており，本条の柱書のとおりである。

　問題は，「……が明らかであるとき」という部分である。これについては，単に権利が侵害されているというだけではなく，それが明らかであることが要求されるため要件が加重されている。

　具体的には，名誉権侵害の場合に問題となる。名誉権侵害があっても一定の場合（第2章5(4)(5)参照），つまり正当化事由がある場合にはその侵害は適法化される。そして，その正当化事由（社会の正当な関心事であり，真実性か，少なくとも相当な根拠）の証明は，表現者つまり発信者側に証明責任がある。したがって，名誉権侵害を主張する側としては，この正当化事由が「ない」と主張する必要はないのが原則である。逆に表現者側で，正当化事由，特にその内容が真実であるとの主張立証が必要である。これは公平な考え方で，そもそも事実無根の中傷をされた者に対して，そのような事実が「ない」ことの立証を求めるのは不合理である（いきなり泥棒と指摘されて，泥棒でないことを立証するのは困難である）。

　ところが，発信者情報開示請求の場面においては，この「明らかである」との要件により，正当化事由がないことの証明責任が開示請求者の負担となっている。したがって，名誉毀損や，あるいは同様の要件で適法化されるプライバシー侵害の案件では，請求者にとってかなり不利なケースとなることも少なくない。特に，会社に対する名誉権侵害は，たとえば労働環境や不祥事についての情報であれば，ほとんどの場合は社会の正当な関心事であるとされる。そうなると，多くのケースで，ブラックな労働環境である，産地偽装をしているなど，そのような事実が「ない」ことを証明することが請求者側（会社側）に求められる（ただし，実質的には緩和されており，直接に存在しないことの証明までは不要であり，そのための体制が存在することなどで足りる）。企業の法務担当者にとって，この証明は困難を極めるが腕の見せどころでもある。詳しくは，第4章，特に5において解説する。

　次に，２号の「当該発信者情報が当該開示の請求をする者の損害賠償請求権の行使のために必要である場合その他発信者情報の開示を受けるべき正当な理由があるとき」であるが，この要件が問題になることは稀である。違法な投稿により被害を受けているのであれば，賠償請求をする必要があり，「開示を受けるべき正当な理由がある」といえるからである。

　最後に，開示の対象となる「発信者情報」の内容について触れておく。

　「発信者情報」とは，条文上は「氏名，住所その他の侵害情報の発信者の特定に資する情報であって総務省令で定めるもの」と定義されている。

　この要件を分解すると，

---

① 　発信者の特定に資する（発信者の特定に役に立つ）
② 　総務省令で定められているもの

　ということになる。

　総務省令として「特定電気通信役務提供者の損害賠償責任の制限及び発信者情報の開示に関する法律第四条第一項の発信者情報を定める省令」があり，それには，次のような情報が列挙されている（同省令各号）。なお，定義のカッコ書きなどは一部省略した。令和２年８月31日の改正（同日施行）で，３号に電話番号が追加された。

一　発信者その他侵害情報の送信に係る者の氏名又は名称
二　発信者その他侵害情報の送信に係る者の住所
三　発信者の電話番号
四　発信者の電子メールアドレス（電子メールの利用者を識別するための文字，
　　番号，記号その他の符号をいう。）
五　侵害情報に係るアイ・ピー・アドレス
六　侵害情報に係る携帯電話端末又は PHS 端末（以下「携帯電話端末等」とい
　　う。）からのインターネット接続サービス利用者識別符号
七　侵害情報に係る SIM カード識別番号

> 八　第五号のアイ・ピー・アドレスを割り当てられた電気通信設備（略）から
> 　　（略）侵害情報が送信された年月日及び時刻

　発信者に責任追及をするには，氏名・住所（一・二）だけで足りるように思えるが，後記(4)で解説するように各プロバイダは一部しか情報をもっていない。そこで，前記三以下の情報も開示請求ができるとされている。

コラム⑧

発信者情報≠発信者の情報

　プロ責法の正式名称は，「特定電気通信役務提供者の損害賠償責任の制限及び発信者情報の開示に関する法律」である。これを分解すると，特定電気通信役務提供者の損害賠償責任の制限と，発信者情報の開示について定めた法律ということになる。

　特定電気通信役務提供者とは，インターネットの通信を媒介する者つまりプロバイダをいい，これは経由プロバイダという接続サービスを提供するプロバイダ（携帯電話の会社など）と，コンテンツプロバイダ（掲示板の運営者など）に分かれることは，すでに述べた。

　「損害賠償責任の制限」とあるが，これは，プロバイダは原則として投稿者の投稿について責任を負わない（プロ責法3条1項）ことと，一定の場合に削除（プロ責法3条2項）や発信者情報の非開示（プロ責法4条4項）をしても責任を負わないことを定めたものである。

　また，「発信者情報の開示」とあるのは，読んで字のごとしであって，発信者情報の開示を請求する手続や要件を定めていることを意味する（プロ責法4条1項）。ところで，ここでいう「発信者情報」とはどのような意味か。一見すると，発信者つまり投稿者の情報であり，要するに，その者の氏名・住所，あるいはIPアドレス等ということになり，何らの疑問も生じないように思える。しかし，4条1項柱書では，「発信者情報」とは「氏名，住所その他の侵害情報の発信者の特定に資する情報であって総務省令で定めるものをいう」と定義している。「発信者の特定に資する情報」とあるのだから，これは発信者の情報，つまり発信者情報＝発信者の情報に思えそう

だが，正確には誤りである。今一度，定義を読んでみると，「発信者の特定に資する情報」とある。資するというのは，役に立つという意味である。したがって，発信者情報とは，正確には「発信者を特定するために役に立つ情報」であり，「発信者の情報」とは必ずしも一致しないということになる。

　この帰結として，発信者以外の者の情報であっても，それが発信者を特定するために役に立つ情報であれば，開示の対象になるということである。たとえば，ネットカフェから匿名掲示板に投稿がされた場合について考えてみる。この場合，匿名掲示板に発信者情報開示請求をして得られるのは，その投稿に用いられた IP アドレスと投稿時間である。そして，その IP アドレスから経由プロバイダを割り出して，そこに発信者情報開示請求をすると，得られるのは契約者，つまりネットカフェの名称と所在地である。ところが，実際に投稿をした者は，ネットカフェの運営法人ではない。投稿をしたのはネットカフェの利用者であり，この者こそが発信者である。「発信者情報」を，発信者の情報であるという意味で理解すると，ネットカフェの運営法人は投稿をしていない，つまり発信者ではないのだから，その名称や所在地も開示はできないということになる。しかし，以上に述べたとおり，「発信者情報」とは，発信者を特定するのに役に立つ情報である。つまり，発信者の情報に限られない。この例では，ネットカフェの運営法人は発信者ではない。しかし，ネットカフェの運営法人が契約している回線から投稿がなされているという事情がある。そのため，利用者が投稿した可能性が高く，ネットカフェの運営法人を特定することで，同法人から利用者についての情報が得られる可能性がある。したがって，ネットカフェの運営法人の名称や所在地も，発信者を特定するために役に立つ情報であるといえ，発信者情報に含まれて開示の対象になる。

　開示される情報の範囲を定める総務省令である特定電気通信役務提供者の損害賠償責任の制限及び発信者情報の開示に関する法律第四条第一項の発信者情報を定める省令 1 号・2 号は「発信者その他侵害情報の送信に係る者」という言葉を使っており，「係る」つまり一定の関係がある発信者以外の者の情報も開示の対象に含めている。裁判例上も，「本件各投稿の発信者の情報とはいえないが，そうであっても，本件各投稿の発信者は，本件アカウントの使用者でなくとも，同契約者が，本件アカウントの使用を許諾し，あるいはパスワードを共有できる同使用者と一定の関係のある者というべきであるから，同使用者は，発信者ではないとしても，発信者を特定するに足りる『その他侵害情報の送信に係る者』と認められる」（東京地判平27.8.27 D1-Law.com）としたものがある。

　したがって，注意すべきは，発信者情報として得られた情報が必ずしも発信者であるとは限らないということである。この実務は複雑で，弁護士でも誤解するケースがあるので要注意である。

⑷　発信者情報開示請求の仕組み

　発信者情報開示請求により発信者を突き止めるまでの流れを簡単にまとめると，以下のとおりになる。

---

　①　コンテンツプロバイダに対して発信者情報開示請求をして IP アドレスと投稿時間を取得する。
　②　①で入手した IP アドレスから経由プロバイダを割り出して，経由プロバイダに対して，その時間にその IP アドレスを利用していた契約者の情報を入手する

---

　①はコンテンツプロバイダへの請求であるが，その特定方法は，削除請求の場合と同様である（前記2⑵～⑷参照）。また，IP アドレスから経由プロバイダを特定する方法であるが，前記2⑷で説明をしたとおりである。加えて IP アドレスの意味についても，同じく触れた。

　発信者情報開示の流れ，基本的な構造や仕組みは，「レンタカーでひき逃げがあり，ナンバーしかわからない場合に犯人を突き止める」という場合に近い。この具体例のほうがイメージしやすいと思うので，レンタカーの事案と発信者情報開示請求とを対照しながら，その仕組みを説明することとする。

⑸　発信者の特定までの流れ

【事例Ⅰ】
　歩行者が自動車（レンタカー）のひき逃げ被害に遭った。自動車のナンバーは近傍の建物に設置された監視カメラに記録されておりわかっている。
【事例Ⅱ】
　自社の労働環境について，事実無根の中傷が匿名掲示板に投稿された。

　前記(4)で挙げた例を用いて，発信者の特定までの流れを解説する。

　いずれの事例も加害者がいることは明らかであるが，その加害者を知ることができない状況である。

　また，加害者を特定できる可能性のあるケースであり，そこに至る過程はある程度共通している。

　最初に事例Ⅰの場合から検討すると，イメージしやすい。まずは監視カメラの管理者をみつける必要があるが，建物がわかっていれば，管理者をみつけることができる。そして，監視カメラの管理者から映像を入手して，そこからナンバーを割り出すことになる。自動車のナンバーは運輸支局が管理しているので，そこに問い合わせ所有者を割り出すことになる。このケースではレンタカーであるので，所有者はレンタカー会社ということになる。レンタカー会社は運転をしていた者，つまりは責任者（犯人）ではないので，そのままでは運転者として責任追及ができない。さらにそのときに「借りていた利用者」をレンタカー会社に問い合わせて，ようやく責任者にたどりつく。

【事例Ⅰでの特定までの流れ】
① 監視カメラの管理者を割り出す。
　　　　↓
② 監視カメラ管理者からナンバーの情報を取得する。
　　　　↓
③ 運輸支局に問い合わせてナンバーから所有者を割り出す。
　　　　↓
④ 所有者から実際に運転していた者の情報を取得する。

　ここでのポイントは，聞く先を特定する（①・③）行為とその「管理者」から情報を取得する（②・④）作業があること，それぞれは「次に進む」情報をもっているが，順につないでいかなければならない，それをつなぎ合わせることで最終的な責任者にたどりつけるというものである。

　次に，事例Ⅱつまりはネットトラブルの場合について，これまでに解説した

方法を使って特定する流れを解説する。最初に，匿名掲示板の管理者を割り出す（①）必要がある。これについては，すでに解説した（前記 2(2)〜(4)参照）ように WHOIS サービスなどを利用して，コンテンツプロバイダである匿名掲示板の管理者を割り出すことになる。次に，コンテンツプロバイダである匿名掲示板の管理者に対して，発信者情報開示請求をすることになる（②）。具体的には，投稿内容を示して，この投稿についての発信者の情報を教えてほしい旨を請求する。

　建物の管理者が監視カメラで監視をしているように，掲示板の管理者は，投稿について投稿内容そのものだけではなく，投稿に使われた IP アドレス（前記 2(4)）や投稿時間を記録している。

　自動車であれば「所有」することができるが，IP アドレスについては有限なため，接続業者（経由プロバイダ）から貸し出されているものである（すなわち，事例Ⅱにおける経由プロバイダはレンタカー会社の立場ということになる）。そして，その時間に誰に貸し出しているかについては，経由プロバイダに記録がある。そこで，経由プロバイダを割り出す（③）ことになる。車のナンバーであれば運輸支局に尋ねることになるが，これも WHOIS サービスで割り出すことができる（前記 2(2)〜(4)参照）。その上で，経由プロバイダに対して，もう一度発信者情報開示請求をする（④）ことになる。レンタカー会社にこの時間にこの車を使用していた人は誰であるのかを尋ねるのと同じく，この時間にこの IP アドレスを使用していた者は誰かを尋ねるのである。

(6)　郵送する書面の内容

　前記(5)で発信者の特定までの流れについて説明をしたが，それでは具体的にはどのような書面を，誰に提出する必要があるか。前記 2(7)と同様に書式があるので，それに基づき解説する。

　削除請求の場合と同じく，一般社団法人テレコムサービス協会が運営するウェブサイト「http://www.isplaw.jp」に「発信者情報開示関係書式（PDF）」として掲載されている。同 PDF の 1 頁〜 3 頁までが送付する書面の書式であ

る（令和元年 8 月現在）。以下，記載方法を説明する。

① 「至［特定電気通信役務提供者の名称］御中」とある部分には，コンテンツプロバイダの名称を記載する。

② 「［権利を侵害されたと主張する者］」とある部分には自分の（自社の）名前（名称）と住所（所在地）を記載する。

③ 「［貴社・貴殿］が管理する特定電気通信設備等」とある部分は，相手方がコンテンツプロバイダであれば URL を，経由プロバイダであれば，IP アドレスを記載する。要するに，投稿から IP アドレスを取得する場面においては URL を，IP アドレスから契約者の氏名・住所を取得する場合は IP アドレスを記載するということになる。

④ 「掲載された情報」の欄には，問題の投稿を記載する。これについては，前記 2 ⑺で解説したとおり，投稿された内容を記載する。なお，分量が多い場合は，別紙などを用いてもよい。

⑤ 「侵害された権利」の欄には，侵害された権利を記載する。これも前記 2 ⑺で解説したとおりである。

⑥ 「権利が明らかに侵害されたとする理由」の欄についても，基本的には，前記 2 ⑺で解説したとおりである。なお，前記 2 ⑺の場合，つまり送信防止措置（削除）請求の場合と異なり，「明らかに」という言葉が追加されていることに注目されたい。これは，前記⑶の要件（2 号）で触れたが，権利侵害だけではなく，それが明白であること（権利侵害の明白性）が発信者情報開示請求においては要求されるためである。記載としては，削除請求の場合と変わらないが，要件が加重されていること，つまり，証拠も添付することが望ましい。

⑦ 「発信者情報の開示を受けるべき正当理由（複数選択可）」は，該当するものに○をつけるか，列挙する（該当しないものを削る）ことになる。通常は書式の選択肢の 1 のみである。2 についても記載することが多いが，実務上，謝罪広告が認められることは稀であるし，請求されることもさほど多くない。

ただし，ここに列挙して問題になるということはないので，記載されることも多いようである。なお，詳細は後記6⑸で触れるが，謝罪広告については相手方の影響力が大きく，こちらの被害が甚大で，しかも，事件後も継続的に信用喪失による被害が継続するなど，特別の事情を要求するというのが裁判例の傾向である。

⑧ 「開示を請求する発信者情報（複数選択可）」は，開示を請求する情報である。もちろん，プロバイダが保有していない情報については，開示を求めることはできない。ただし，もっていない情報を請求しても，その旨の回答があるだけで，請求全体が不適法になるわけではない。もっとも，明らかにもっているはずのない情報を請求しても意味がない。

　コンテンツプロバイダについては，選択肢の4，5，6，7をもっているのが通常である。なお，5と6は，投稿者が携帯電話から投稿した場合，追加情報としてもっていることもあるが，もっていないことも多い。経由プロバイダについては，1，2，3をもっているので，それを問い合わせることになる。なお，電子メールアドレスについては，投稿に直接必要になる情報ではないので，経由プロバイダが開示を争うことも多いが，「発信者の電子メールアドレスについても，本件発信者の特定及び原告の権利行使に資する情報であるから，原告において開示を求める正当な理由がある」（東京地判平27.3.10 D1-Law.com）として，これを認めるのが多数の裁判例の見解である。

⑨ 「証拠」は，添付した証拠の一覧を掲載する。1つ目は，掲載されているウェブページの写しを添付するのが通例である。なお，この場合，各証拠には民事訴訟におけるものと同じような番号付けをすべきである。後記4で解説するが，開示請求は訴訟によらないと応じないプロバイダも多い。この場合，民事訴訟におけるものと同じような番号付けがあれば，弁護士に依頼して開示請求をする際の資料引継ぎがスムーズになる。なお，このルールは，甲第1号証，甲第2号証，甲第3号証……と続けて番号を付ける，資料のコピーの右上にそれを赤字で書いておくというものである。枝番号といって，

たとえば著作権侵害の場合，甲第2号証の1として著作物の写真・カタログを，甲第2号証の2として経理関係の資料（著作権使用料の請求書など）というように，同じ分類のうちの小さな分類を加えたりすることもある。

⑩ 「発信者に示したくない私の情報（複数選択可）」とある欄についても，基本的に前記2(7)で解説したとおりであるが，やや相違点がある。まず「1.氏名（個人の場合に限る）」とあるが，企業つまり法人である会社の場合は，社名が知られることになるということである。ただし，前記2(7)で指摘したが，個人対個人の紛争であり，加害者も被害者（企業）の氏名を知らない場合には秘匿の必要があろうが，法人であれば，そういう必要性は薄く，一方で，会社として法的措置をとっているということをアピールできるというメリットがある（削除や発信者情報開示請求があった場合に，発信者が意見照会をされることについては，前記2(5)で触れたが，詳細は後記5で解説する）。次に，「2.「権利が明らかに侵害されたとする理由」欄記載事項」「3.添付した証拠」については，示したくない情報として記載すべきである。どちらも企業の内部事情が記載されていることもあり，「違法な投稿をした者」への意見照会時に転送されるものである。当方（企業）に害意をもっている相手に，余計な情報，特にこちらの内部事情を知らせる必要はないし，リスクでもある。ただし，問題の投稿の写し，つまり⑨で甲第1号証として添付すべきとしたものについては，開示をしてもリスクはない。

⑪ 添付書類として本人確認資料等が要求されることについては，前記2(7)で触れたとおりである。

⑫ さらに，請求内容そのものではないが，開示が拒否された場合に裁判上の請求（後記4で解説する）を予定している場合は，次のような記載を本文（「発信者情報開示請求書」と「記」の間の部分）に追加するべきである。具体的には，「万が一，貴社が開示請求を拒否した場合，発信者情報開示請求の提起を予定していますので，この請求に係る通信記録の保存を求めます。」と追記する。これは，通信記録は最短で3カ月程度で削除される扱いであるため，判決までに通信記録が削除されてしまうことを防ぐためである。

(7)　請求後の流れ

　請求後の流れとしては，プロバイダによるが，筆者の経験等を踏まえると，おおむね以下のような流れとなる。

---

　　　　　　　　　① 当方から請求書を発送
　　　　　　　　　　↓（1日〜2日程度）
　　　　　　② プロバイダに請求書が到着※1
　　　　　　　　　　↓（1週間から10日程度）
　　　　　　　③ 発信者に意見照会※2
　　　　　　　　　　↓（1〜2週間程度）※3
　　　　④ プロバイダが開示・非開示を決定
　　　　　　　　　　↓（1週間程度）※4
　　　　　　⑤ 結果が請求者に通知される

※1　不備があった場合，プロバイダから修正の依頼がある

※2　経由プロバイダの場合はほぼ確実に行われるが，コンテンツプロバイダの場合，発信者の住所もメールアドレスも知らないことが多いので，意見照会を行わず，④に進むことが多い。

※3　発信者は意見照会書の受領後，1週間〜2週間程度の猶予を与えられることが通常である。ただし，発信者の希望で，1週間〜2週間程度のさらなる延長が認められることも多い。

※4　プロバイダによって，時間はまちまちであることに留意されたい。

　なお，開示，非開示については，発信者にも結果が通知される。これもプロバイダごとにまちまちである。ただし，一般的な傾向として，コンテンツプロバイダは通知をしないことが大多数である。一方，経由プロバイダは，開示する際にはほとんどの場合で通知をするが，非開示にする場合は，通知をしないプロバイダも多い。つまり，経由プロバイダは開示する際には発信者にも連絡をするのが通常である。したがって，その通知を受けて慌てた発信者から会社に連絡がくることもある。

4 裁判上の請求

(1) 裁判外の請求と裁判上の請求

　法律上「請求できる」ものは，裁判上も請求できるというのが原則である。たとえば，金銭を貸し付けた場合，その返済を貸主は借主に請求することができる。この請求は，郵便等の裁判外の請求方法によることができるのはもちろん，裁判上の請求をしてもよい。最初に裁判外で請求をして応じないのであれば裁判上の請求をするというのが通常の流れであるが，いきなり裁判上の請求をしても何らの問題はない。そして，裁判においては「金銭を支払え」という他に，たとえば，「建物を明け渡せ」，「工場の操業を停止せよ」など，一定の行為を請求することもできる。

　発信者情報開示請求においては，一定の場合に発信者の特定に役に立つ情報を請求できるとプロ責法が定めている。したがって，同じように裁判上で，「被告は，原告に対し，別紙発信者情報目録記載の各情報を開示せよ」という請求をすることができる。なお，ここで「別紙発信者情報目録記載」という言葉が出てきたが，裁判上の請求においては，求める請求内容が複雑・複数の場合，別紙を作成し，その別紙中に請求内容を記載する実務が行われている。たとえば，土地の場合は，所在や地番，地目，地積で特定するため，それを別紙物件目録に記載した上で，「別紙物件目録記載の土地を明け渡せ」などと請求することになる。

(2) 裁判外の発信者情報開示請求におけるプロバイダの一般的な対応

　発信者情報開示請求を受け取った場合のプロバイダの対応の流れについては，前記3(7)で解説したとおりである。

　最後に，プロバイダは結論を決めてそれを請求者に通知するとあるが，「裁判外の請求については，基本的に開示を拒絶する」のが一般的な傾向である。

特に経由プロバイダは，ほとんどのケースで発信者情報開示請求を拒絶する。

　法律上は，権利侵害の明白性があれば開示が認められるのが原則である（プロ責法4条1項1号）が，その判断は困難であることも多い。自動車事故であれば，加害者と被害者のどちらにどの程度の過失があるかについては，交通ルールがあり，そして過去の裁判例の蓄積からある程度類型的な判断が可能である。

　しかしながら，ネット上の表現については，そのような基準がない。同じような表現内容であっても，その法的判断は，「一般読者の普通の注意と読み方を基準として解釈した意味内容に従う」（最判昭31.7.20 民集10巻8号1059頁）とされている。

　一般読者とは，その情報が掲載されたメディアにより属性はまちまちであるし，あるいは投稿の対象とされた者によっても感想は異なるであろう。そのため，同じ投稿であっても，場所や状況により判断は異なり，その判断は非常に難しい。

　プロバイダとしては，開示すべきか否かの判断が難しく非常に悩ましいが，プロ責法は以下のような規律を設けている。

【特定電気通信役務提供者の損害賠償責任の制限及び発信者情報の開示に関する法律4条4項本文】
　開示関係役務提供者は，第一項の規定による開示の請求に応じないことにより当該開示の請求をした者に生じた損害については，故意又は重大な過失がある場合でなければ，賠償の責めに任じない。

　法律上の原則は，故意または過失により違法に他人に損害を与えた場合には，賠償責任を負う（民法709条）。そのため，プロバイダは，故意または過失により開示の判断を誤り，それにより開示請求者が発信者に責任追及ができなくなった場合は，開示請求者に対して損害賠償責任を負担することになる。

　しかし，法律は前記の定めにより，プロバイダの責任を軽減している。ここ

にいう「開示関係役務提供者」とはプロバイダであり，「第一項の規定による開示の請求」とは発信者情報開示請求のことである。そして，「開示の請求に応じない」とは開示をしない，つまり拒絶をすることであり，「当該開示の請求をした者」とは開示請求者である。すなわち，プロバイダが開示請求を受け，それを拒絶した場合について定めており，その場合は，「故意又は重大な過失がある場合でなければ，賠償の責めに任じない」とある。つまり，開示を拒絶をした場合，それが間違っていたとしても，故意（わざと）か，重過失（著しい不注意）がない限りは責任を免れるということである。

　一方で，開示をして間違っていた場合について，プロ責法は定めを置いていない。したがって，法律上の原則に戻り，故意はもちろん通常の過失であっても責任を問われることになる。

| 間違った開示 | 通常の不注意でもプロバイダに責任あり |
| 間違った非開示 | 重大な不注意がない限りプロバイダに責任なし |

　要するに，プロバイダとしては第三者であり，当事者はあくまでも発信者とそれにより被害を受けた者である。そのため，プロバイダとしては法的リスクを回避すべく，基本的には非開示という結論を選ぶことが多い。特に，経由プロバイダは，保有情報が氏名・住所という直ちに特定個人を特定できる情報であるため，なおのこと慎重になる傾向がある。

　一方で，開示を拒絶して，裁判上で請求をし，最終的に開示を認める判決が下されれば，プロバイダは判決に従い開示をすることになる。プロバイダとしては，裁判外では開示を拒絶するが，最終的には裁判所の判断に従うことで，法的リスクを回避できる。裁判の結果に基づき開示をするのであれば，その判断について過失があるとは考え難いからである。

　なお，総務省「特定電気通信役務提供者の損害賠償責任の制限及び発信者情報の開示に関する法律―解説―」（http://www.soumu.go.jp/main_content/000461787.pdf）33頁においても「開示に応じることを否とし，開示を求め

る者の開示請求に対し一応の根拠を示して異議が述べられたときは（引用者注：発信者から述べられたときは，という趣旨である），原則としてその意見を尊重し，当該開示には応じられない旨の対応をしなければならないこととなる」（2019年8月現在）とされており，開示拒絶が原則であるとされている。

　したがって，プロバイダ，特に経由プロバイダには発信者情報開示請求をする場合には裁判対応が必要であることが多い。ただし，裁判外で開示請求をすることは無意味ではない。まず，その後に裁判上の請求を予定しているのであれば，ログの保存を依頼することで，請求中に通信記録が削除されてしまうことを防ぐことができる（前記3(6)⑫参照）。また，プロバイダが発信者に連絡をとることが可能である場合，意見照会が発信者に対して行われる。コンテンツプロバイダであれば，投稿にメールアドレスを提供させるタイプなどでないと難しいが，経由プロバイダであれば，発信者と接続サービスについて契約をしているのであるから，発信者の氏名・住所を把握しており，意見照会（書面での照会）が可能である。この意義は大きく，裁判外での開示請求に意味がないとはいえない（詳細は後記5で解説する）。

(3)　プロバイダが裁判外で開示をするケース

　前記(2)において，プロバイダが裁判外で開示をするケースは稀であると解説した。プロバイダからすれば，発信者は利用者であり，契約者であり，そして顧客である。また，無料で投稿の場所を提供しているコンテンツプロバイダの立場からしてみても，頻繁に開示に応じてしまうと，利用者が「率直な」意見を投稿することができなくなってしまい，自己のメディアとしての価値を毀損してしまうため，積極的に開示に応じる動機に乏しいといえる。加えて，前記(2)で述べたとおり，間違った開示については通常の過失でも発信者に対してプライバシー侵害等の責任を問われる可能性がある。一方で，間違った非開示については，開示の要件を満たすと知りながらあえて非開示にした，あるいは重大な不注意により判断を誤った場合でなければ責任を問われない（プロ責法4条4項本文）。したがって，プロバイダとしては，基本的には裁判外の開示請

求を拒絶することがもっとも低リスクであるといえる。

　しかしながら，プロバイダのなかには，裁判外での開示に応じるケースがいくつかあり，弁護士が情報をもっている場合もあるので，念のためそのような情報がないかを確認することが望ましい。以下に，頻出のケースを列挙する。

①　内容が脅迫など悪質性の高い場合のコンテンツプロバイダ

　典型的には，放火，殺人など，生命身体への重要な加害行為の内容が含まれる投稿がされた場合である。この場合，筆者の経験上，コンテンツプロバイダは開示に応じるケースが多い。コンテンツプロバイダが保管しているのは所詮IPアドレスであり，それだけでは発信者にたどりつくことのできない情報である。発信者にたどりつくには，このIPアドレスから経由プロバイダにさらに発信者情報開示請求をする必要がある。そのため，経由プロバイダ（多くは大企業）が適切に判断をする，もっといえば経由プロバイダが拒絶して最終的に裁判所の判断に委ねられる可能性が高い。

　このような事情があるので，コンテンツプロバイダとしては，「内容は非常に悪質であるし，最終的な判断，つまり発信者の身元の特定につながる情報は経由プロバイダが適切に対応してくれるであろう」と，開示に応じてくれる可能性が高い。

　また，実務上の問題として，通信記録は一定期間で削除されるので，開示請求者はコンテンツプロバイダの段階で手間取っていると，経由プロバイダに開示請求をする頃には，通信記録の削除で発信者にたどりつけなくなるリスクもある。コンテンツプロバイダも，それが原因で紛争に巻き込まれるのは避けたいため，このような事情も考慮して，開示に応じるケースもあるようである。さらに，拒絶した場合，裁判手続になるが，（比較的小規模な法人や個人が多い）コンテンツプロバイダとして，それに応じるコストの負担も難しいという問題もある。

②　著作権侵害におけるコンテンツプロバイダ

　著作権侵害のケースにおいては，裁判外の請求に応じるコンテンツプロバイダも多い。なかには，発信者への意見照会の段階で，著作権侵害については，請求者が主張する著作権侵害を妨げるような事情がない限りは，開示に応じると回答するコンテンツプロバイダもある。

　著作権侵害は最高10年の懲役または1,000万円の罰金，あるいはその併科が罰則として定められており（著作権法119条1項，なお法人の場合は，同法124条1項1号により，3億円以下の罰金が定められている），その有無については，基本的には著作権の証明と，掲載されている情報がその著作物であることの証明があればよく，要するに，自社のコンテンツがそのウェブサイトに掲載されていること，そしてそれが自社制作であること（企画書や内部資料の一部を提出すれば足りる）を示すことができれば良い。したがって，名誉毀損と比べものにならないほど判断が容易であるといえる。たとえば「バカ」という言葉1つをとってみても，ある会社がバカであるという趣旨の投稿について，名誉毀損を否定した（東京地判平24.8.9平成24年（ワ）8305号事件 判例集未登載）事例もあるが，そのような判断の困難性を有する事例は著作権侵害にはない。

　したがって，中傷目的で自社が著作権を有するコンテンツを掲載している，あるいは，中傷する投稿中に自社のコンテンツの一部でも含まれている場合には，著作権侵害を理由とする請求も検討すべきである。

③　弁護士会照会におけるコンテンツプロバイダ

　弁護士法には，弁護士会照会という制度がある（弁護士法23条の2）。根拠条文から「23条照会」ともいわれる。具体的には，弁護士が弁護士会に依頼し，弁護士会の審査を経て，弁護士会経由で質問状を送付して，それへの回答を求めるというものである。典型的には携帯電話の番号を示して，その番号の契約者の氏名・住所を携帯電話キャリアに聞くなどに活用されている。

　弁護士会照会は情報を取得するという点で発信者情報開示請求に類似する。そのため，発信者を突き止めるのに，発信者情報開示請求と弁護士会照会の2

つの方法があるということになる。ネット上の権利侵害に特化した制度として発信者情報開示請求が定められているからといって，他の制度を使ってはいけないわけではない。したがって，弁護士会照会で発信者を突き止める方法があり，この方法ならば訴訟を起こす必要はないから，裁判外で発信者の情報を入手することができる。

　実際に弁護士会照会が活用できるのは，いわゆるニュースサイト，まとめサイトといわれるウェブサイトである。これらは，社会において話題のトピックやニュースを，それに関する一般人の投稿も含めて「まとめて」掲載している。ニュースサイトの運営者は，コンテンツプロバイダであるレンタルサーバ業者と契約をして，ニュースサイトのスペースつまりサーバをレンタルしている。したがって，通常の場合（コンテンツプロバイダに IP アドレスしかなく，経由プロバイダからも情報を入手する流れとなる場合）と異なり，レンタルサーバ業者に「このサイトの契約者の氏名と住所は何か」と弁護士会照会をして回答が得られれば，直ちに明らかになる。

　弁護士会照会は，最近一部で活用されている方法であり，ケースによっては非常に強力である。もし，弁護士対応を行うのであれば，訴訟の他，弁護士に弁護士会照会を利用する方法についても相談することが大事である。なお，弁護士会を経由する，その審査などがある関係上，実費として9,000円程度が必要になる（弁護士会により異なる）が，訴訟上で請求するコストに比べれば，非常に安価である。ただし，弁護士会照会はあくまで弁護士でないとすることができない。そして，弁護士もこれができるのは，自分の受任事件の処理のために必要な場合のみである。したがって，弁護士に事件として依頼することが前提であり，単に「弁護士会照会をしてほしい」とだけ依頼することはできないので注意されたい。また，コンンテンツプロバイダすべてが応じるわけでもなく対応はまちまちである。

④　刑事事件における発信者の特定

　第2章の4で解説したとおり，ネットへの違法な投稿は，その内容によって

は犯罪になる。犯罪になれば，どんな案件でも直ちに捜査機関が動いてくれるというわけではない。しかし，程度次第によっては，捜査機関が捜査をし，犯人をみつけて処罰をしてくれることもある。この場合，捜査機関（警察や検察庁）はどのように発信者を特定するのであろうか。

　まず，捜査機関は，プロ責法に基づく請求をすることはできない。なぜなら，請求の要件として，自己の権利が侵害されたことが明白であることが必要であるところ，捜査機関は被害者ではなく，自己の権利を侵害されたとはいえないからである。そのため，捜査機関はプロバイダに対して捜査事項照会（刑事訴訟法197条2項）を行うことになる。これは，弁護士会照会に類似した制度であり，同条は「捜査については，公務所又は公私の団体に照会して必要な事項の報告を求めることができる」と定めている。いわゆる令状を取得して行うような強制力はなく，プロバイダによっては，これに応じないことも多い。その場合は，捜索差押令状の一類型である「記録命令付差押え」（刑事訴訟法218条1項）を行う。

　捜索差押えで通信記録を押さえようとした場合，たとえばすべて紙に印刷されており，ファイリングされているのであれば，事件に関係する冊子だけを押さえるなどもできようが，通常はそのようなことはなく，すべてコンピュータにデータとして記録されている。そのため，捜索差押えをしようとすると，問題になっている業務用コンピュータ全部を差し押さえることになり，業務に対する支障が非常に大きい。そこで，この記録命令付差押えは，問題のデータを特定し，これをDVD-Rなどの記録媒体に記録して提出させて差し押さえるという制度となっている。

　なお，発信者情報開示請求においては，要件は権利侵害の明白性であったが，捜索差押えの要件は，基本的に「犯罪の捜査をするについて必要があるとき」である。そして，その対象は，犯罪の嫌疑を受けている者つまり，被疑者に限られず，第三者でもよい（したがって，プロバイダも対象になる）。この要件は，かなり「緩い」というのが実感である。筆者も，民事訴訟において，裁判所が「嫌なら見なければいい」といった趣旨の判断を示して開示請求を棄却し

た事案があったが，これを名誉毀損罪で警察に被害申告したところ，迅速に動いてくれて犯人（発信者）が速やかに特定できたという経験がある。

　したがって，捜査機関を利用する方法は，基本的に捜査機関が「その気」になってくれれば可能ということで，企業への被害が大きい，名誉毀損のみならず，悪質性が明白な脅迫事案においては有効である。そのようなケースでは，警察への相談も選択肢の1つとして検討することが重要である。

コラム⑨

弁護士の強力な武器「弁護士会照会」

弁護士会照会については，以下のような定めが置かれている。

【弁護士法23条の2（報告の請求）】
弁護士は，受任している事件について，所属弁護士会に対し，公務所又は公私の団体に照会して必要な事項の報告を求めることを申し出ることができる。申出があつた場合において，当該弁護士会は，その申出が適当でないと認めるときは，これを拒絶することができる。
2　弁護士会は，前項の規定による申出に基き，公務所又は公私の団体に照会して必要な事項の報告を求めることができる。

　要するに，弁護士が受任事件について，所属している弁護士会にお願いをして，弁護士会から質問状を関係者に出してもらい，回答を得るというものである。なお，弁護士会で審査をする関係上，9,000円程度の実費が必要になる。この流れを図解すると，おおむね，以下のようになる。

弁護士から弁護士会に照会状を提出する
↓
弁護士会において照会状を審査する

↓
弁護士会が審査の結果，相当であると判断すれば，照会先に照会状を発送する
（不相当であれば，補正や取下げなどの指示をする）
↓
照会先が照会状を受領する
↓
照会先が弁護士会宛て（質問の主体は弁護士会なので，弁護士会宛てに回答をす
ることになる）に回答をする
↓
弁護士会が受領した回答を申出をした弁護士に送付する
（なお，照会先による拒絶などがあった場合は再度の照会や督促などが行われる）

　さて，法律上「できる」ということは，それは，法的に相手方にそのような義務が
あるということを意味する。単に請求はできるけれども，それに応じるかどうかは別
問題で義務は一切ないという解釈はされない。これについて，判例上も「23条照会の
制度は，弁護士が受任している事件を処理するために必要な事実の調査等をすること
を容易にするために設けられたものである。そして，23条照会を受けた公務所又は公
私の団体は，正当な理由がない限り，照会された事項について報告をすべき」（最判
平28.10.18民集70巻7号1725頁）と判断している。
　さらに，開示をすることで，たとえば第三者の個人情報を無断で教えることになっ
てしまう場合もあるが，これについては，たとえば個人情報保護法の例外として開示
することは適法であるとされている（同法16条1項3号）。また，ネットサービスなど
の規約において，法令に基づく場合はプライバシーに該当する情報を提供することが
できるとの定めがある場合がほとんどであるが，弁護士会照会に回答することで基本
的に回答者は責任を負わない。もっとも，このような手当があるとしても，開示拒絶
に罰則があるわけではない。また，あくまでも公法上の義務，つまりは，社会秩序，
法秩序の観点からの公の義務であって，回答することは弁護士会や弁護士，依頼者に
対する義務ではないと理解されている。したがって，回答について拒絶をされても，
賠償請求をすることも，回答を強制をすることもできない。そのような意味では，相
当に限界のある制度である。
　しかしながら，たとえば交通事故における捜査記録や信号のサイクル表を求める場
合は捜査機関，携帯電話の番号から契約者の氏名・住所を割り出す場合は携帯電話の
キャリア，車のナンバーから所有者情報を割り出す場合は運輸支局と，照会先は通常，
インフラ企業や公的機関などの公共性のある機関であることが多い。

　これらの機関は，公法上の義務の意識から，開示に応じてくれることが多い。その他，弁護士会照会について，最近では，確定判決など債務名義（権利を公に証明し，強制執行により実現することが可能な公文書をいう）がある場合に，銀行が全支店の銀行口座の有無や残高について回答をしてくれるケースも増えている。口座の差押えの実務上，原則として銀行だけではなく支店の特定が必要であり，弁護士会と銀行との協議等で実現したものである。

　したがって，弁護士会照会は相当な限界がある制度とはいえ，それなりに強力な制度である。

　なお，弁護士会照会は弁護士でないとできないので，弁護士に依頼をすることになるが，弁護士会照会そのものを依頼することはできない。弁護士法23条の２は「受任している事件について」とあり，あくまでも，受任している事件の処理のために弁護士が行うことができる手続である。したがって，「この番号の契約者を知りたいので調べてほしい」という依頼を弁護士が受けて弁護士会照会をすることはできない。この場合は，「この番号の契約者が当社に損害を与えたので賠償請求をしたい」という依頼に対し，その依頼を遂行するために，契約者の氏名・住所を特定すべく弁護士会照会をすることが許されるにすぎない。

　また，この制度は，弁護士や弁護士会への信頼を前提にしている制度である。すなわち，依頼者であるからといって，弁護士は回答で得られた情報を安易に渡してはいけないし，目的外使用も厳禁である（たとえば筆者が所属している第二東京弁護士会では，回答には赤い紙で目的外使用等を禁じる注意喚起の書面を同封している）。なお，弁護士であれば利用できる制度であるが，企業に従業員として勤務している弁護士（いわゆるインハウスローヤー）については，所属先企業は使用者（雇用者）であって，依頼者ではなく，その業務は「受任している事件」ではない，所属先のための弁護士会照会はできないという見解があるようである。弁護士会によっては，インハウスローヤーによる弁護士会照会の利用ができない場合もあるようなので，この点は留意されたい。

コラム⑩

通信記録の保存期間

　発信者情報開示請求は，通信記録の開示請求である。発信に関する情報は，通信記

録（しばしば「ログ」とも呼ばれる）という形で記録されている。プロバイダは，その記録から，開示請求されている情報を取り出して，開示をする。

　ところで，携帯電話の着信履歴が永久に保存されないのと同様に，このような通信記録も，記録媒体の容量を圧迫するなどの理由で永久に保存されず，古いものから削除（処分）されていくことになる。

　この削除については，一律の法規制があるわけではない。ただし，民事保全（略式の民事裁判であり，短時間で結論が出る手続）でログの保存を求める，あるいは，裁判外の請求時にログの保存を求める（前記3⑹⑫参照）ということはよく行われている。また，捜査機関が行う記録命令付差押え（前記⑶④参照）についても，その準備のために一定期間の記録の保存を請求することができる制度（刑事訴訟法197条3項4項）がある。しかし，一般的に何カ月まで保存すべきであるという法令は存在しない。それどころか，通信記録の保存については，総務省「特定電気通信役務提供者の損害賠償責任の制限及び発信者情報の開示に関する法律―解説―」（http://www.soumu.go.jp/main_content/000461787.pdf）の28頁において「本請求権（引用者注：発信者情報開示請求権）は，先にも述べたとおり，現にプロバイダ等が保有している発信者情報について開示の対象とするものであって，プロバイダ等に対して発信者情報等の保存を義務付けるものではない。逆に**個人情報の適正な管理の観点からは，発信者情報のような個人情報については，プロバイダ等にとって保存の必要がない場合には，速やかに削除すべきもの**と考えられる」としている（強調は引用者による）。

　以上のとおり，保存期間が明確に義務づけられているわけではないが，実務上の慣行，傾向としては，おおむね以下のような事情があるので，参考にされたい。

---

① コンテンツプロバイダの通信記録の保存期間は，特に定められていないことが多く，1，2年が経過しても入手できることも珍しくない。
② 経由プロバイダの通信記録は，3カ月程度で消去されるのが通常である。
③ 通信記録の存否は答えてくれることが多いが，その保存期間については教えてくれない。
④ 最近は，経由プロバイダも1年単位で記録を残していることもある。
⑤ 通信記録は，古いほうから順番に消されるとは決まっていない。特に経由プロバイダにおいては，3カ月半前の記録が残っているが，3カ月前の記録は消去されているなどもある。

　結局，プライバシーの保護や，発信者情報開示請求への対応にあたってプロバイダも弁護士費用などのコストを負担することになるため，対応範囲を限定したいという

意向があるのだろう。

　また，プロバイダが通信記録の保存期間について明確に答えないのは，それにより責任が生じることを避ける，リスク回避の観点があると思われる（なお，筆者も実際に，法廷でしつこく尋ねてみたことがあったが，「知らない」「わからない」「答えられない」ということであった）。

　実務上は，投稿日から３カ月以内に経由プロバイダに通信記録の保存を請求することになる。一方で，３カ月を超過したものについても，請求を検討する価値はある。具体的には，特に悪質であるなどの通信記録の必要性が高いのであれば，半年，１年後のものについても積極的に検討してよいだろう。

(4)　裁判上の請求と企業の法務担当者

　以上述べてきたとおり，発信者情報開示請求は，裁判上の請求が原則となる。

　会社つまり法人が原告となって訴訟を提起することになるが，その場合，法廷に立てるのは原則として，会社代表者（典型的には代表取締役）か，代理人である弁護士のみ（民事訴訟法54条１項本文）である。なお，訴額140万円までの事件を扱う簡易裁判所においては，裁判所の許可を得て弁護士でなくても代理人になることができる（民事訴訟法54条１項ただし書）。この訴額は請求の金額で算定するが，発信者情報開示請求権はその金額を算定することができないので，160万円とみなされ（民事訴訟費用等に関する法律４条２項），簡易裁判所で裁判を行うことができない。そのため，企業の法務担当者としては弁護士登録がない限り，代理人を弁護士に任せることになる。

　ただし，どのような事件においても，事実関係に一番詳しいのは弁護士ではなくて当事者（と従業員）である。そのため，弁護士との打ち合わせは密にする必要があり，企業の法務担当者の重要性は自社内部，裁判外の請求をする場合と大きく変わらない。

　特に，第１章で強調したとおり，「権利侵害の明白性」の要件との関係で，企業にとっての悪い・不名誉な事実が存在しないことの証明を要求されることが度々ある。たとえば，セクハラ・パワハラが横行しているという事実無根の投稿があった場合に，関連する資料や，防止研修実施の実績，相談窓口の設置

状況と利用実績などを提出する必要がある。これは，企業の法務担当者でなければできない。

　したがって，裁判上の請求であっても，むしろ，裁判上の請求であるからこそ，企業の法務担当者の重要性は大きく，「裁判が必要になったのであるから，あとは外部の弁護士に丸投げすればよい」ということにはならない。特に，本書においては繰り返し強調しているが，何でもかんでも削除請求をし，発信者情報開示請求をすればよいわけではない。ケースによってはやぶ蛇になる可能性もあり，そのようなリスクは，弁護士も検討すべきであるが，自社の業務の性質や，関係者，顧客の反応の予測などは，外部の弁護士が，そう簡単にできるものではない。このような重大なリスクの予測と回避については，企業内の事情に通暁した法務担当者の努力が必須である。なお，ケースによっては特に個別の配慮が必要になるが，第 4 章において詳しく解説する。

⑸　コンテンツプロバイダに対する裁判上の手続

　以下では，具体的な裁判上の請求内容について，解説をする。裁判上の請求となると，内部ないし外部の弁護士が代理して担当することになるが，前記⑷で指摘したとおり，必要な情報，要望を弁護士に伝える必要があるし，打ち合わせの各段階でも，訴訟の流れなどを理解しておくことが必須である。

　まず，コンテンツプロバイダに対する請求内容，具体的には開示を求める発信者情報は，投稿者の IP アドレスと投稿時間というのが原則となる。すでに解説した（前記 2 ⑷参照）とおり，IP アドレスはインターネット上において，端末，通信回線を識別する符号である。そして，同じ IP アドレスはインターネット上に 2 つとして存在しない。したがって，その時間にその IP アドレスを使っていた者は原則として 1 人ないし 1 契約に限定することができる。なお，匿名掲示板などでは投稿時間がウェブサイト上に表示されており，わざわざ開示を求める必要性はなさそうに見える。しかし，IP アドレスと投稿時間の結び付きを証明する観点から，投稿時間についても開示を求めるのが通例である。

　コンテンツプロバイダへ開示を求める場合の手続であるが，通常の民事訴訟

ではなく，民事保全という略式の民事裁判手続を利用することがほとんどである。その理由は，先に述べたとおり，通信記録の保存期間が３カ月程度であることが多く，正式な裁判をしていると，間に合わないからである。通常の民事訴訟は，訴状の提出後，約１カ月後に初回期日が設定され，あとは１カ月に１回の頻度で期日が開かれ進んでいく。判決をするのに十分な主張立証がそろったら，弁論を終結してその１カ月ないし２カ月後に判決日が指定され確定する。通常訴訟の場合，慣例上，最初の反論は，訴えを争う内容の答弁書だけを提出して，次回つまりさらに翌月以降に具体的反論をするケースも多い。そのため，相手方の具体的な反論が提出された時点で２カ月以上が経過してしまう。そこで，民事保全という手続を用いることになる。

　民事保全は，略式の民事裁判のようなものであり，通常訴訟との相違点は，正式な法廷ではなく，準備室（会議室のようなところ）や裁判官室で裁判官と面談をするような形で審理を進める。この場合，保全の必要性から，緊急に結論を出すことが要求される他，申立てが認められても，それはあくまで「仮」のものであり，正式な裁判で覆された場合に備えて，担保を求められるなどの制限がある。しかし，各期日の間隔は１～２週間程度であり，通常訴訟では事実関係についておよそ間違いがないという程度まで証明が要求されるが，民事保全においては，およそ確からしいという程度の立証（疎明）で許される。

　なお，担保金がいくらになるか，正式な裁判で結論が変わった場合にどのような責任を負担するのかについて，発信者情報開示請求をする際にはほとんど気にする必要はない。コンテンツプロバイダは，発信者または被害者からの責任追及を危惧しているのみで，それを回避するために，裁判所の判断に従う。したがって，プロバイダが後日に正式な裁判を請求するということはほぼない。そのため，正式な裁判で結論が変わったということで，賠償請求をされることはほぼ考え難く（少なくとも筆者にはその経験はないし，そのような事例に接したことも一度もない），そもそも正式な裁判は行われない。また，担保は正式な裁判で結論が変わった場合に，相手方つまりコンテンツプロバイダへの賠償のために提供するものであるが，前記のとおり，実際に賠償をすることは考

【通常訴訟と民事保全の比較】

	通常訴訟	民事保全
当事者の呼び方	原告 vs 被告	債権者 vs 債務者
要する期間（発信者情報開示請求の場合）	数カ月程度（事案による）	1カ月以内（事案による）
保全の必要性（すぐに結論を出す必要性）	不要	必要
担保	不要	必要
要求される証明の程度	証明（高度）	疎明（中程度）
最終的な結論か	確定すれば最終的な結論	債務者には通常訴訟で争う機会が与えられる

え難い。法律上は，原則として担保を積むことになるが，30万円～50万円程度が相場である。なお，担保なので，裁判終了後，所定の手続をすれば全額が返還される。さらに，コンテンツプロバイダによってはあらかじめ担保は不要であると裁判所に告げて，無担保の場合もある。

　さて，実際の請求内容であるが，通常訴訟の場合と大きく異なるところはない。通常訴訟では，「被告は，原告に対し，別紙発信者情報目録記載の情報を開示せよ」という請求をすることになるが，民事保全の場合では，「債務者は，債権者に対し，別紙発信者情報目録記載の情報を仮に開示せよ」となる。

　民事保全では，原告と被告という言葉は使用せず，申し立てる側を債権者といい，その相手方を債務者という。また，あくまでも仮の裁判であるので，「仮に」という言葉がつく。

　民事保全は通常訴訟より非常に速いペースで進むため，弁護士との打ち合わせをより密にする必要がある。また，裁判所はさまざまな資料の提出を求めてくるが，それを事前に予想し，揃えておくことが重要である。

(6)　経由プロバイダに対する裁判上の手続

　経由プロバイダへの請求においては，対応する IP アドレスと投稿時間を示して，その回線を利用していた契約者の氏名・住所（とメールアドレス）の開

示を求めていくことになる。

　経由プロバイダへの請求の場合，民事保全手続を利用することは原則として
できず，通常の民事訴訟手続によることになる。これは，コンテンツプロバイ
ダの場合，得られるのはIPアドレスと投稿時間のみであることが通常であり，
その後，経由プロバイダに2回目の裁判をする必要がある。ところが，通信記
録の保存期間については制限があり，短いと3カ月程度で削除されてしまう。
そのため，速やかに開示命令を得られないと，発信者までたどりつけない。し
たがって，コンテンツプロバイダへの発信者情報開示請求は急ぐ必要がある。
一方で，経由プロバイダの場合，発信者情報の開示が認められれば，ほとんど
の場合に発信者にたどりつくことができる。さらに，経由プロバイダは請求を
受けた時点で当該通信記録を裁判の結論が出るまでの間は消去せず保存するこ
とが通常である。会社により民事保全でログの保存を要求する必要のある場合
もあるが，急いで開示を得ないと権利行使ができなくなるといった事情はなく，
開示請求を民事保全によることはできない。

　したがって，経由プロバイダに対しては，通常訴訟で発信者情報開示請求を
することになり，基本的な要件は前記(5)と同じなので，同様の主張立証をする
ことになる。要件については，前記3(3)で指摘したとおり，権利侵害の明白性，
特に企業に関する投稿については，社会の正当な関心事で真実であれば違法性
が阻却されることも多い。そのため，投稿の内容である問題の事実が存在しな
いことの証明が要求され，訴訟としてはかなり難易度の高いものとなる。また，
弁護士との打ち合わせの留意点は，前記(5)で触れたとおりである。

　なお，民事訴訟においては，公開の法廷で行う手続の他，弁論準備手続と
いって，会議室のようなところで，裁判官や相手方代理人弁護士を交えて打ち
合わせをし，争点や証拠を整理するという手続が使われることが多い。弁論準
備手続は非公開であり傍聴できず，代理人ではない企業の法務担当者は参加で
きないのが原則である。ただし，当事者が申し出た者については，傍聴が許可
される扱いとなっており，事案によっては，法務担当者も傍聴の許可を得て傍
聴することも検討すべきである。具体的には，たとえば問題の投稿が会社の社

内事情であるが内容が多岐にわたるなど，弁護士を介した「伝言」では，裁判所が問題意識を掴みにくいであろうケースにおいては検討の価値がある（実務上，裁判所は率直に不足している主張立証などを指摘する）。

(7)　外国会社に対する裁判上の手続

　最近は，Twitterなどコンテンツプロバイダが外国会社であるというケースも増えている。この場合，外国会社を相手方として訴えることになるが，以下のような大きな問題がある。

---

　①　そもそも日本の裁判所で裁判ができるのか
　②　管轄する裁判所はどこになるのか
　③　裁判ができるとして，必要な書類はどのように届けるのか

　まず，①は，結論からいうと，基本的に可能である。すなわち，民事保全法7条で民事訴訟法が準用されており，同法3条の3第5号は，「日本において事業を行う者（略）に対する訴え」については，「当該訴えがその者の日本における業務に関するものであるとき」であれば，「日本の裁判所に提起することができる」としている。これを海外のSNSについてみると，日本向けに日本語でサービスを提供しているのであるから，これを提供する当該法人は「日本において事業を行う者」といえる。また，その海外SNS運営会社に対して発信者情報開示請求を行うのであれば，まさに「その者の日本における業務に関するものである」といえ，日本の裁判所で裁判をすることができる。

　また，②日本国内のどこの裁判所が管轄を有するかについては，民事訴訟法10条の2が，管轄が定まらない場合は民事訴訟規則で定める場所を管轄する裁判所が管轄するとされている。そして，これを定めた民事訴訟規則6条の2は，「東京都千代田区」としているので，同地を管轄する東京地方裁判所が管轄裁判所になる。

　最後に③の問題であるが，通常の民事訴訟であれば正式な送達が必要である

ため，送達条約などによって規律されることになり，非常に時間がかかる。発信者情報開示請求において外国会社が問題になるのは，コンテンツプロバイダの場合がほとんどである。つまり，海外SNSとなると，SNSの運営主体はコンテンツプロバイダである。一方で経由プロバイダの場合，海外居住者になり，日本の手続で責任を追及することは極めて困難である。そして，コンテンツプロバイダの場合，民事保全手続を利用することができるため，通常の民事訴訟のような正式な送達をする必要はなく，申立てをした債権者が債務者に対して直送，つまり直接裁判資料を送ることで足りるとされている。具体的にはEMS（国際スピード郵便）を利用することになり，債務者の国の言語に翻訳したものを郵送することになる。

　さて，日本国内において著名な海外SNSは，日本国内において法務を担当している弁護士がいる。したがって，郵送後の手続は日本語で行えることになる。また，手続の進め方も日本国内の紛争と全く変わらない。

　筆者は，海外SNSの運営会社について，日本国内に対応窓口を用意する，日本法人を設置するなどお互いに迅速に処理でき，無駄なコストを費やすことのないよう便宜を図ってほしいと考えている。しかし，SNSのシステム管理は本国法人で一貫して行っているので，日本法人が本国法人の通信に関する管理権がないため，外国法人側にとっては結局，対応が難しいのかもしれない。なお，日本法人があっても，その法人は窓口業務，広報の業務をしているだけであって，実際に通信設備の運営管理はしていないため，本国法人を訴えてほしいという主張は，国際的なネットサービスにおいては頻出であり，この種の事件を扱う弁護士の悩みどころでもある。

５　発信者に対する意見照会

(1)　プロバイダという第三者が当事者になる問題

　インターネット上の表現に係る法律問題の特徴は，繰り返しているとおり，投稿者と被害（があると主張する）者との１対１の関係ではなく，プロバイダという第三者が介在することである。投稿を削除せよと請求をされるのも，投稿者の情報を開示するよう請求されるのもプロバイダである。

　ところで，請求者，つまり投稿された者からすれば，削除請求も開示請求も自分にとって利害があり，当然，その投稿が違法であること，被害の生じていることを十分に主張することになる。たとえば裁判においては，当事者主義という原則が採用されている。これは，裁判において必要な主張や証拠の提出を，当事者つまり原告と被告（刑事事件であれば検察官と被告人）の責務とする原則である。なぜ，このような原則が採用されているか。それは公平であり，真実にも近づき合理的だからである。裁判所に主張や証拠の提出をさせると公平性を疑わせてしまうため，当事者に任せるべきである。また，当事者は判決の結果に一番の利害があるので，利害のある者に自己責任でやらせれば全力を尽くすことになる。そうすれば，結果としてより正しい結論に近づく裁判になる。

　しかし，削除請求にしろ，発信者情報開示請求にしろ，請求先はプロバイダであり，応じるかどうかを裁判外で判断するのもプロバイダであり，裁判上の請求（前記４参照）であっても，被告となるのはプロバイダである。プロバイダは責任を負わないのが原則（開示については前記４(2)参照。また，削除についてもプロ責法３条１項で責任が免除されている）であり，利害が比較的薄い。さらに，名誉権侵害の疑われる事案において，社会の正当な関心事について相当な根拠をもって発信された情報については，侵害行為が適法化されるとされている（前記第２章の５(5)参照）。ただし，相当な根拠があるかどうかについては，投稿者でないとわからず，投稿者ではないプロバイダは適切に判断でき

ない。また，仮に裁判上の請求を受けても，裁判で反論することもできない。一方で，発信者からすれば，適法化される表現であっても，それについて反論の機会が与えられないまま，自分の投稿が削除され，あるいは自分の氏名・住所が開示されることになりかねず，適切であるとはいえない。

　そこで，プロ責法は発信者への意見照会という制度を設けている。この制度の趣旨は，一番の利害関係のある発信者に対して，削除や発信者情報開示について反論の機会を保障するものである。実務上は，特に企業が被害者であるケースにおいては重要な制度であるため，次項以降で詳しく解説する。なお，発信者に対する意見照会は，削除請求と開示請求のどちらもあるが，実務上論点になるのは開示請求の場合である。

(2)　発信者に対する意見照会（削除請求の場合）

　まずは，削除請求の場合については，プロ責法は以下のとおり定めている。

【特定電気通信役務提供者の損害賠償責任の制限及び発信者情報の開示に関する法律3条2項】
　特定電気通信役務提供者は，特定電気通信による情報の送信を防止する措置を講じた場合において，当該措置により送信を防止された情報の発信者に生じた損害については，当該措置が当該情報の不特定の者に対する送信を防止するために必要な限度において行われたものである場合であって，次の各号のいずれかに該当するときは，賠償の責めに任じない。
　一　当該特定電気通信役務提供者が当該特定電気通信による情報の流通によって他人の権利が不当に侵害されていると信じるに足りる相当の理由があったとき。
　二　特定電気通信による情報の流通によって自己の権利を侵害されたとする者から，当該権利を侵害したとする情報（以下この号及び第四条において「侵害情報」という。），侵害されたとする権利及び権利が侵害されたとする理由（以下この号において「侵害情報等」という。）を示して当該特定電気通信役務提供者に対し侵害情報の送信を防止する措置（以下この号において「送信防止措置」という。）を講ずるよう申出があった場合に，当該特定電気通信役務提供者が，当該

> 侵害情報の発信者に対し当該侵害情報等を示して当該送信防止措置を講ずること
> に同意するかどうかを照会した場合において，当該発信者が当該照会を受けた日
> から七日を経過しても当該発信者から当該送信防止措置を講ずることに同意しな
> い旨の申出がなかったとき。

　やや長いので詳しく解説すると以下のとおりである。

　「特定電気通信役務提供者は，特定電気通信による情報の送信を防止する措
置を講じた場合において」とあるが，プロバイダが削除（技術的にデータを削
除するのではなくて，表示されない，送信されないようにすることが通常であ
るため，「送信を防止する措置」という言い方がされている）した場合につい
て定めているという趣旨である。そして，「当該措置により送信を防止された
情報の発信者に生じた損害については」とあるが，削除により投稿者に生じた
損害のことを指す。想定されるのは，せっかく投稿をしたのに表示されなく
なってアクセスが得られなくなった，それによる広告収入の減少などの損害，
あるいは，表現の自由が制約されたことに対する慰謝料などが想定される。

　次に「当該措置が当該情報の不特定の者に対する送信を防止するために必要
な限度において行われたものである場合であって，次の各号のいずれかに該当
するときは，賠償の責めに任じない」とあるが，削除が必要な限度（請求を受
けていない部分は削除しない，必要がないのにデータを廃棄しない）で行われ
ており，かつ，次の1号か2号に該当すれば，プロバイダは発信者から責任を
問われないということである。

　その責任を問われない場合だが，1号の「当該特定電気通信役務提供者が当
該特定電気通信による情報の流通によって他人の権利が不当に侵害されている
と信じるに足りる相当の理由があったとき」は，意見照会とは関係がなく，プ
ロバイダ自身が違法な投稿だと考える相当の理由があれば削除してもよいとい
うことである。要するに，プロバイダの自己判断で違法な投稿だと考えて削除
する場合を想定している。

　一方，意見照会と関係があるのは2号である。「特定電気通信による情報の

流通によって自己の権利を侵害されたとする者から」とあるのは，被害（を主張する）者からの請求があった場合という意味である。次に，「当該権利を侵害したとする情報（以下この号及び第四条において「侵害情報」という。），侵害されたとする権利及び権利が侵害されたとする理由（以下この号において「侵害情報等」という。）を示して当該特定電気通信役務提供者に対し侵害情報の送信を防止する措置（以下この号において「送信防止措置」という。）を講ずるよう申出があった場合」とあるのは，送信防止措置，つまり削除請求があった場合という意味である。そして，「当該特定電気通信役務提供者が，当該侵害情報の発信者に対し当該侵害情報等を示して当該送信防止措置を講ずることに同意するかどうかを照会した場合」とは，要するに，削除をしてもよいかどうか，意見照会をした場合という意味である。つまり，2号は削除請求に対して発信者に意見照会をした場合について定めている。最後に，「当該発信者が当該照会を受けた日から七日を経過しても当該発信者から当該送信防止措置を講ずることに同意しない旨の申出がなかったとき」とあるのは，発信者に削除請求があったと意見照会をして7日経過しても，削除に同意しないとの返事がなかった場合という意味である。

　以上をまとめると，削除請求があった場合に，発信者に意見照会をして，7日間以内に削除を拒絶する連絡がないのであれば，削除をしてもプロバイダは責任を問われないということである。なお，発信者が削除に同意した場合について法の定めがないが，発信者が同意していれば，削除をすることでプロバイダが責任を問われることはあり得ないので，定めていないだけである。

　実務上，発信者は投稿を維持するメリットがほとんどないので，意見照会があると，慌てて自分で削除するか，削除に同意すると返事をするのが大半である。もちろん削除をしても，すでに生じた賠償責任を免れることはできないが，これ以上の賠償責任の発生を防ぐことはできる。削除を拒絶してさらなる紛争になることをおそれてすぐに応じるというのが実情である。

　また，いわゆるまとめサイトなど，アクセスによる広告収入を目的としたサイトであっても，削除については応じることが多い。もちろん，広告収入を減

少させることにはなるだろうが，所詮無数にあるだろう記事のうちの1つであるし，そのために法的リスクを負担することは不合理なので，「経済的に合理的な判断」として，削除に応じるのが通常である。つまり，プロバイダとしても，法的リスクを負担したくないので，意見照会を実施し返事がないのであれば，前記2号の免責規定を利用して削除をするのが通常の行動である。

　以下に述べる発信者情報開示請求の場合（後記(3)参照）と異なり，削除による不利益はほとんどない。したがって，意見照会はむしろ発信者への「警告書」として機能し，問題が生じることは少ない。

(3)　発信者に対する意見照会（発信者情報開示請求の場合）

　発信者情報開示請求の場合においても，発信者に対する意見照会の手続が法定されている。

【特定電気通信役務提供者の損害賠償責任の制限及び発信者情報の開示に関する法律4条2項】
　開示関係役務提供者は，前項の規定による開示の請求を受けたときは，当該開示の請求に係る侵害情報の発信者と連絡することができない場合その他特別の事情がある場合を除き，開示するかどうかについて当該発信者の意見を聴かなければならない。

　ここにいう「前項の規定」とは，プロ責法4条1項であり，開示請求の要件を定めた条文である。

　まず，「開示関係役務提供者は」とあるのはプロバイダのことであり，「前項の規定による開示の請求を受けたときは」とあるのは，発信者情報開示請求をプロバイダが受けたということ，その段階について定めたものであることを示している。

　次に，「開示するかどうかについて当該発信者の意見を聴かなければならない」と定めているが，発信者に対してプロバイダが開示するかどうかの意見を

聞かなければならないというプロバイダの義務を定めている。例外として「当該開示の請求に係る侵害情報の発信者と連絡することができない場合その他特別の事情がある場合」には，意見を聴く必要はないとされている。

　通常，経由プロバイダであれば，「当該開示の請求に係る侵害情報の発信者と連絡することができない」ことは考え難い。経由プロバイダはインターネットに接続するサービスである以上，その通信費用を徴収する有料サービスであるので，通信料の決済のために，氏名・住所などの情報を契約者である発信者から得ているはずだからである。なお，携帯電話の場合には，携帯音声通信事業者による契約者等の本人確認等及び携帯音声通信役務の不正な利用の防止に関する法律3条1項により，本人確認が義務づけられている。

　一方，コンテンツプロバイダの場合は，連絡先を知らない場合も多い。ブログやSNSであれば，登録時にメールアドレスを聞いているのでメールで意見照会ができる場合もあるが，匿名掲示板やブログ等のコメント欄であれば，メールアドレスも知ることはできない。その場合は，プロバイダに意見照会の義務はない。

　プロバイダが発信者にする意見照会の書式は，「http://www.isplaw.jp/d_form.pdf」の4頁以下（2019年8月現在）にある。プロバイダから発信者に送る書面，発信者がプロバイダにする回答書面，プロバイダが開示についての結論を発信者に通知する書面などがある。

　プロバイダがこのような意見照会をすることが義務づけられているのは，削除請求と同様であり，前記(1)で説明をした。すなわち，発信者情報開示請求においてもっとも利害関係があるのは当事者であり，権利が侵害されたと主張する請求者の他には，発信者となる。そして，発信者情報開示請求においては，削除請求よりも発信者の利害関係は切実である。

　前記(2)においては，発信者はほとんどの場合に削除に同意し，自ら削除の処理をすることが大半であると述べた。削除に応じてもほとんど損害はない（自分の投稿が消えるだけである）のに対して，開示請求の場合は，自分の氏名・住所が知られることになり，請求を受ける，訴訟をされるというリスクを発信

者は負担することになる。匿名だと思って安心して投稿をしたのに，被害を主張する者に自分の氏名・住所を知られるのは容認できないということである。

　したがって，発信者情報開示請求における意見照会については，ほとんどすべての場合，開示を拒絶する。そして，裁判外の開示請求においても，ほとんどのプロバイダが開示を拒絶する扱い（前記4(2)参照）をするため，結局，開示がされないということになる。

　意見照会に対して発信者が開示を拒絶する場合には，拒絶する理由を記載する必要がある。権利侵害がない，あるいは，権利侵害があっても適法であるなどの主張をするのが一般的であるが，発信者が弁護士に依頼して詳細な反論をするケースもある。

(4)　意見照会の重要性と注意点

　削除請求，発信者情報開示請求のいずれにおいても意見照会はなされるが，発信者情報開示請求においては，発信者は請求を拒絶する場合がほとんどである。削除請求と異なり，自分の氏名・住所が知られ，責任追及を受ける可能性が高いからである。

　発信者が請求を拒絶した場合，請求者としては裁判上の請求をする（前記4参照）他ない。このとき，プロバイダは開示を拒絶するのがほとんどであるから，発信者情報開示請求に関する意見照会においては，発信者は拒否する旨の回答だけをすればよく，わざわざプロバイダを説得するために拒否する理由を書く実益はないように思える。しかし，実際には，発信者が意見照会において詳細に理由を述べることは重要である。プロバイダの判断資料のみならず，裁判上の請求があった場合に，プロバイダが被告として応訴する場合の反論資料になり得るからである。実務上は，意見照会に対して戻ってきた書面について，個人情報部分のみをマスキングして裁判所に提出することが多い。プロバイダによっては，コピーを出すのではなくて，その意見を参考に自らの反論を組み立てる者もいる。特に名誉権侵害においては，このキーワードを投稿したら違法になるといった機械的な基準が存在しない。そのため，裁判所の判断次第，

裁量が非常に大きい。したがって，双方の主張で裁判所を説得することが大事になり，意見書において投稿が違法ではない，少なくとも違法性が明白ではないという反論をすることになる。

　請求する側，特に企業として注意すべきなのは，真実性の証明の問題である。すでに解説したとおり（前記第2章の5(4)(5)参照），たとえ名誉権を侵害する表現であっても，一定の場合には適法化され，発信者は責任を負わないとされている。適法化の要件（違法性阻却事由）は，公益目的，公共の利害に関すること，そして真実性ないし相当な根拠の存在である。これは同じくすでに触れたとおり原則は表現者つまり発信者がその立証責任を負う。つまり，発信者としては真実であることの証明ができなければ責任を問われるということになる。これはごく自然で合理的な定めで，自ら投稿した以上は裏を取っているはずだ，裏を取らずに他人の名誉を害する投稿をすべきではないということである。

　しかし，発信者情報開示請求においては，違法性阻却事由について，存在しないことの立証責任が開示請求者に課せられている。プロ責法4条1項1号は，開示請求の要件として「侵害情報の流通によって当該開示の請求をする者の権利が侵害されたことが明らかであるとき」と定めている。単に権利が侵害されたというだけでは足りず，それが「明らか」であることまで要求している。この明らかとは，名誉権侵害においては，名誉権が侵害されただけでは足りず，違法性阻却事由がないことの証明も必要とされている。

　違法性阻却事由の要件は，公益目的であること，公共の利害に関すること，真実性ないし相当な根拠という3つである。3つすべて揃わないと表現は適法化されないので，違法性阻却事由がないことの証明とは，この3つのうち少なくとも1つがないことの証明が必要であるということになる。

　通常の自然人に関する誹謗中傷においては，それに公益を図る目的がある，公共の利害に関係があるといえる場合は少ない。しかし，企業に関する情報，たとえば，労働環境が悪い，不正行為をしているなどの情報は，公益を図る目的や公共の利害に関する事実と認められやすい。そのため，企業が名誉権を侵害する投稿に対して発信者情報開示請求をする場合には，基本的に記載の事実

がないことの証明が求められる。これは，企業にとって非常に大きな負担であり，「存在しない」ことの証明は，いわゆる「悪魔の証明」といわれ，基本的に困難である。

　ただし，実務上，存在しないことの証明については，そこまで厳格に判断されていない。たとえば，個人の事案であるが，風俗店を利用したとの投稿に関し，そのような事実がないという証明について，ほぼ陳述書（当事者や関係者の名義で作られた書面で，自己の体験や意見などを記載する。裁判所に証拠として提出される）の記載だけでこれを認めた事例（東京地判平29.12.22　平成29年（ワ）26562号 D1-Law.com）もある。もっとも，事案によっては大きな問題となり，事前の準備が重要になる場合も多い。弁護士に依頼する以前に企業の法務担当者の役割が非常に重要な場面である。

　一方で，投稿した立場からすれば，意見照会に対して提出した書類は，プロバイダが判断する，あるいは応訴する場合の証拠になる。そこで，記載事実が存在することの証明か，少なくとも，企業側の「存在しない」との証明を阻むことができれば発信者情報開示請求を斥けることができる。したがって，企業としては，そのような存在するとの証明を覆せるほどの不存在の証明ができる必要がある。

　加えて，このような意見照会が行われることで，発信者に発信者情報開示請求をした事実や，その理由や証拠が伝わる可能性についても留意が必要である。具体的には，一部真実も混じるような中傷投稿に注意が必要である。たとえば「A社の従業員Bは横領をして懲戒解雇になったが，A社はもともと暴力団のフロント企業で社内での犯罪は当たり前。Bも今頃，殺されて海に沈められている」というような中傷を投稿された場合について考えてみる。このケースにおいては，横領と懲戒解雇の事実は真実であるが，それは広く報道されたわけでもなく，いわば知られていない不名誉な事実であるが，一方で，暴力団との関係等については事実無根であったとする。

　この場合，暴力団との関係については真実ではないと主張するが，横領や懲戒解雇の事実については，真実ではないとの主張はできない。このとき，横領

や懲戒解雇の事実については真実であると認めると，その内容が投稿者に伝わり，「やっぱり本当だったのか」と，意見照会の書面が公開されるなどの二次被害につながりかねない。

このようなケースでは，ルールとして嘘はついてはいけないが，問題になる，不利になる事実を進んで述べる義務まではない。そこで，暴力団との関係についてだけ真実に反すると主張するのが適切である。虚偽を主張することはできないが，不利になる，あるいは誤解を招きかねない事実については，あえて積極的に主張をしないというのは，この種の事件に限らず，およそすべての法律事件においてよく見られることである。

なお，開示請求の理由については，前記3(6)で触れたとおり，発信者に対して「非開示」にすることはできる。

また，裁判上の請求をした場合には，開示請求の理由を訴状に記載することになるが，希望をすればプロバイダはその内容を伏して発信者に意見照会をしてくれることが多い。しかし，発信者が裁判所まで足を運べば，訴状の記載を閲覧することができる（わざわざそこまでする者がいるのかと思われるかもしれないが，意外と行動的な者が多い）ので，留意する必要がある。

コラム⑪

意見照会の「威力」

発信者情報開示請求については，ほとんどの場合，プロバイダは裁判外の請求には応じない（前記4(2)参照）。そのため，裁判外の請求は，通信記録の保存を求める点を除けば，一見無駄のようにも思える。しかし，結果的に開示が得られないとしても，裁判外の発信者情報開示請求は極めて有益である。それは，意見照会の効果が絶大であるからである。筆者は，インターネット上の表現トラブルについて，被害者側のみならず発信者側の弁護も多数担当しているが，意見照会には絶大な効果があると痛感

している。

　インターネットで誹謗中傷などの違法な投稿を匿名で行う者は，その投稿が被害者にもたらす被害や，自分が負うことになる責任について全く考えていないケースがほとんどである。動機についても，ひどい中傷，特に個人攻撃に当たるものについては，さぞかし怨恨があるのだろうと想像しがちであるが，実際はそのような事例は稀である。他の人も中傷していたのでなんとなく，あるいは言動が気に食わないなど，その程度のものである。通り魔的な突発の暴力事件で「ついカッとなってやった」，あるいは「誰でもよかった」など，そのような犯行動機に驚くことはあるが，ネットの中傷投稿の動機はそれどころではない。なんとなく目についた，鼻につく，ノリでなど，その程度である。被害者からすれば許せないものであるが，これがネットの中傷投稿の動機の現実である。

　ただし，このような「動機」は投稿の抑止の関係では非常に重要である。

　発信者情報開示請求をした場合，発信者情報開示請求に係る意見照会書が発信者の元に届く（前記(3)参照）が，その効果は絶大である。発信者からすれば，匿名で，つまり安全圏から一方的に投稿ができると思い込んでいたところ，期せずして意見照会が来る，しかも，今後，自己の個人情報が被害者に開示されるかもしれないのである。発信者の受ける衝撃は相当なものであり，非常に攻撃的，脅迫になるような投稿を繰り返していながらも，意見照会に対して非常におそれおののき，冷静さを欠く状態になっている発信者は少なくない。匿名での加害行為であり，匿名であることが保障されていると勘違いしているがゆえである。

　多くの場合，それまで中傷投稿を繰り返していたとしても，自己の身元が被害者に知られるかもしれないということをおそれて，それ以来，投稿を止めるという発信者がほとんどである。匿名であることをいいことに，一方的に加害行為を繰り返しておいて，なんとも自分勝手だが，意見照会の「警告」の効果は発信者情報開示請求においては重要である。たとえば，見通しや時間，費用の関係から裁判上の請求をすることは難しくても，発信者情報開示請求に係る意見照会がなされること，それによる抑止効果を期待して，発信者情報開示請求を行うことは，十分に検討に値する。

　一方で，本来は正当な表現行動であっても，このような萎縮効果を狙って，企業が発信者情報開示請求を繰り返すようなケースもまま見られる。そのような行為は，社会的に強い非難の対象になり，かえって投稿を過熱させることにもなりかねない。抑止効果を期待するとしても，そもそも投稿が違法であると十分な根拠をもっていえるか，特に真実性についてはよく検討することが重要である。

6 賠償請求

(1) 法的根拠

　発信者情報開示請求により発信者を突き止めた場合，次に行うべきは賠償請求である。

　すでに述べたとおり，削除請求は投稿に違法性があればよく，しかもプロバイダは意見照会をして返事がなければ削除しても免責される（また，発信者が請求に驚いて任意に削除するケースが大半である）。したがって，発信者情報開示が行われた段階では，すでに投稿は削除されているケースが多く，残るはすでに生じた損害についての賠償請求のみである。

　第2章の3で述べたように，民法上，故意または過失により，法的な権利あるいは法律上保護されるべき利益を侵害された場合，被害者は加害者にその賠償を求める権利があるとされている。企業の名誉権，営業権といったものは法的な権利であり，これを侵害された場合には，その損害の賠償を請求することができる。

(2) 損害賠償の方法

　企業の場合に限らないが，被害者からすれば，金銭を得るよりも被害を原状回復してほしいというのが正直なところである。

　交通事故により怪我を負った，後遺症を負ったという場合，その賠償を金銭で受けるというのではなく，元の元気な体に戻してほしいというのが自然な感情であろう。健康の問題はもちろん，名誉の問題，営業の問題であっても，原状復帰することは事実上不可能である。そのため，結局は，金銭で賠償を得るほかない。

　法律上も，以下のように定めている。

> 【民法417条】
> 　損害賠償は，別段の意思表示がないときは，金銭をもってその額を定める。
> 【民法722条1項】
> 　第四百十七条及び第四百十七条の二の規定は，不法行為による損害賠償について準用する。

　民法417条は債務不履行つまり契約違反の場合の損害賠償を定めた条文であるが，それは不法行為つまり事件や事故といったケースについても準用されている。そして，同条によれば，賠償については，金銭でそれを定める，つまりは金で解決するということが定められている。

　法的には，ネット投稿の被害においても請求できるのは原則として金銭だけであるということ，このことは被害者側，特に企業が被害者である場合には，非常に重要なポイントである。

⑶　損害と因果関係の立証

　金銭で賠償するという原則について触れたが，それでは，その金額はどのように決まるのであろうか。これについても，法律に以下のような定めがある。

> 【民法709条】
> 　故意又は過失によって他人の権利又は法律上保護される利益を侵害した者は，**これによって生じた損害を賠償**する責任を負う。

※強調は筆者

　損害賠償義務は，あくまで生じた損害の賠償である。したがって，賠償する範囲は損害が生じた範囲でなければならず，それ以上でもそれ以下でもないというのが，法律上の定めである。すなわち，賠償金額は，投稿によって生じた被害全部ということになる。

　しかし，投稿された側，被害者は，非常に困難な問題に直面する。先述のとおり，法律上の原則でいえば，損害全部を賠償する責任があるということにな

る。そのため，たとえば100万円の価値のある骨董品を壊された場合に，被害者は100万円全額の賠償を得られるということになる。一方で，ネットの投稿被害の場合には，このように簡単な計算によることはできない。骨董品が壊されたという場合，その被害は明白であり，その骨董品の金額も明白である。したがって，損害額も明白である。ところが，ネットの投稿により侵害されるのは，企業の名誉権である。名誉権は，社会的評価であり，要するに社会からどのように見られているか，評価されているかという問題である。社会からの評価は目に見えるものではなく，評価の損害を客観的に測ることは難しい。仮に，その評価の低下度合いを測ることができるとしても，それを金銭に換算することができるかどうかは別問題である。

　さらに難しいのは因果関係の問題である。中傷投稿のせいで苦情が殺到して通常業務に支障が出た，あるいは，取引を断られたなど，そのような主張をしたとしても，因果関係の問題が残る。

　民法709条は，「これによって生じた」という要件を課している。これは，問題の不法行為つまり「ネット上の投稿により生じた」損害であることが必要であるという趣旨である。この因果関係の問題は，単に被害者が「この投稿がなければ○○だったはず」などと主張するだけでは足りない。その投稿によって，そのような被害が発生したという立証が必要である。問題となる原因がなければ，そのような結果は生じなかったという仮定を証明する必要があるから，この立証は相当に難しい。

　特に，企業に対する中傷被害の場合は立証困難なケースがほとんどである。中傷のせいで取引を中断された，あるいは内定者に辞退された（後述するが，頻出かつ深刻な問題である）という場合，そのような被害のあった事実は証明できても，投稿の「せいで」取引を中断された，内定辞退をされたという証明は難しいからである。取引先にしろ，内定者にしろ，「実は御社についてネットの投稿を見まして，それで……」などと素直に教えてくれるとも考え難い。

　損害の立証の困難性については，東京地判平24.1.31判時2154号8頁が参考になる。この事件の原告は個人事業主であるが，取引先に常駐して業務を行っ

ている者である。問題の投稿は，原告が勤務先の会社で女子トイレに盗撮カメ
ラを仕掛けているというものである。それについて，原告が投稿をしたとされ
る被告に対して，その損害の賠償を請求したところ，慰謝料として100万円が
認容されたという事例である。原告は，被告の投稿が常駐先（取引先）に知ら
れ，それを原因として契約解除の可能性があると告げられたことを主張してい
る。裁判所は，この主張をそのまま事実として認定していないが，おそらく契
約解除の可能性も考慮されて，同種案件では高額な100万円という慰謝料が認
定されている。この事件では，原告の常駐先の会社に関するスレッドに問題の
投稿がなされ，しかも内容が女子トイレの盗撮であり常駐先の従業員に与える
不安感が大きいという事情が考慮されたと思われる。逆にいえば，これだけの
事情があっても，金額の算定に考慮されるだけであり，契約解除の危機に瀕し
たことについて，因果関係を明確に認めてもらえたというものではない。さら
に実際の賠償の相場，裁判例については，以下(4)で説明する。

(4)　損害賠償の実際と相場

　前記(3)で解説したとおり，損害賠償請求には，損害と因果関係の証明が必要
である。証明ができなければ，賠償請求は認められない。
　損害賠償の相場は，筆者が被害者側，発信者側の双方で弁護を担当して痛感
することであるが，被害者からすれば安すぎると感じる程度のものであり，発
信者からしても低すぎて驚かれることすらある金額である。
　最近，ネット上の表現トラブルに関する損害賠償金額の相場は高額化したと
よくいわれる。もちろん，実感としてはやや高額化しつつあるが，大きな変化
は感じられない。このような言説は，安易な投稿を戒める趣旨でいわれること
が多く，やはり実際には大きく高額化したとまではいえない。
　企業に対する違法な投稿の賠償額の事例で参考になるものとして，大阪地判
平29.3.21裁判所ウェブサイト掲載がある。
　原告はある健康器具を販売している会社であったが，その商品と同じ名称を
含むドメインを取得され，そのドメインに開設されたウェブサイト上で，同製

品について投稿をされた。同サイト上には，製品について「製造クオリティが非常に低い」「消費者庁が指導を行わなかったことにも疑問を感じるところです」「開発者は本当に身体のことを正しく学んでいるのか疑わしい」という記載があり，原告は，開設者である被告に対して，名誉毀損の他，不正競争行為に該当する等と主張して，1,000万円の損害賠償請求をした。結論として，裁判所は原告が主張するように名誉毀損や不正競争などを認めたが，全損害額として65万円だけを認めた。

　この事件に限られないが，ネットの誹謗中傷については，抽象的には売上減少といった損害があるとしても，厳密な意味での因果関係の証明はしにくい。仮に投稿の直後に売上の減少が認められたとしても，投稿が原因で減少したのか，減少したとしてその「寄与度」はどの程度であるかを証明することはほぼ不可能である。もっとも，実務上は（判決文からはっきりと読みとることはできないが）おおむね，以下のような損害額の認定をしているようである。

　すなわち，一種の擬制でありフィクションといえるが，問題の投稿内容そのものを観察し，その内容を中心に置きながらも，被害者の主張立証の一切の事情を考慮しつつ，金額を決定していると考えられる。本来であれば，損害賠償は，行為により決まるのではなく，行為によって生じた損害によって決まる。たとえば，同じような強さで人を殴ったとしても，その相手に痣ができただけであれば10万円程度の賠償額になろうが，その拍子に転倒して死亡したのであれば数千万円の賠償額になる。民事の賠償責任とは，あくまで損害を回復するための賠償であり，行為の悪質性は基本的に問われない。しかしながら名誉毀損の場合，緻密に損害を算定することが困難であり，これを強いると被害者に酷な結果になる。また，名誉毀損の成否は一般読者を基準に考えるべきであり，損害についてもそのように考えることに矛盾はない。したがって，表現の内容を一般読者の基準で客観的に検討し，その悪質性の程度で賠償額を算定しているようである。

　以上を前提とすると，前記(3)で指摘した盗撮をしているとの投稿であれば，具体的な犯罪行為を指摘するもので非常に悪質であるといえる。それを中心と

しつつ，常駐先での行為であるように投稿されたこと，契約解除の可能性を指摘されたことを考慮要素にして100万円という比較的高額な慰謝料を認めたといえる。一方で，前記の健康器具のケースでは，欠陥を窺わせる内容であるなど，行政の指導が必要である事情があるかのような記載があったが，明確に欠陥品と断定したものではなく，また，実際に行政からの指導を受けた，違法行為があると断定したものでもない。そのため，企業が相当の資本を投下している商品についてのものであること，商品名と同名のドメインを取得していることなどの事情を考慮しても，名誉毀損分については50万円，他の損害を含めても65万円に限られると判断したものと思われる。

他に企業に対する賠償額として参考になる裁判例としては，東京地判平28.12.16 D1-Law.com がある。

この裁判例は当事者が複数あり，やや複雑なため簡略化して述べると，被告らが原告ら（法人1名，自然人2名）に対して，その事業について「悪徳マルチ」であり，投資詐欺を行う者などと複数の投稿をした（ただし，ファクシミリ送信もある）という事案である。原告は2,700万円の損害賠償請求をしたが，約300万円が認められた（なお，別件ですでに賠償金の一部は支払済みであるとして判決で認められたのは約100万円である）。

健康器具のケースと比べると相当に高額に感じられる。本件は自然人2名が加わっていることもあろうが，それでも，企業が相当の資本を投下している商品についての中傷である事件を上回っており，同種案件のなかでも高額な賠償が命じられたものといえる。

両者のケースに差が生じた理由は，以下のような事情が影響していると思われる。

すなわち，健康器具のケースはやや抽象的な表現であり，製品の欠陥を示唆するものであっても，明確に違法行為をしている，犯罪をしているというまでの表現はなかった。一方で，本件においては「悪徳マルチ」と述べられており，マルチ商法は犯罪ではないが，特定商取引に関する法律33条以下に厳重な規制が敷かれており，「悪徳」と付加して述べるのは違法性を想起させる表現であ

るといえる。加えて，投資詐欺を行う者であるとの表現もあり，詐欺という犯罪行為を行う者であるという事実を摘示しているといえる。

　したがって，企業に対して，「劣っている」「悪質である」など，そのような抽象的な表現の損害賠償責任はさほど高く見積られないのに対して，具体的な違法，犯罪行為をしているとの摘示は，賠償額が高く見積られる傾向にあるといえる。

　その他，誹謗中傷ではなくて，欺瞞的な営業妨害については，さらに賠償額が低く見積られる傾向がある。大阪地判平31．4．11裁判所ウェブサイト掲載は，被告外壁塗装リフォーム業者が自ら外壁塗装リフォーム業者のランキングサイトを開設・運営して自らを1位にランク付けして表示をしたという事例である。原告は同業の外壁塗装リフォーム業者であるが，これにより損害を被ったとして264万円の請求をしたが，営業上の損害は認められず，認容されたのは弁護士費用の一部の8万円にすぎなかった。

　この事件では，特に原告の「ランク」が低く設定されたという事例ではなく，損害は間接的なものにとどまるという事情もあるが，営業上の損害はない，あるいは低く見積られてしまう傾向があるといえよう。

　最後に，金銭賠償が原則であると述べたが，例外として謝罪広告という制度があることに触れる。

【民法723条】
　他人の名誉を毀損した者に対しては，裁判所は，被害者の請求により，損害賠償に代えて，又は損害賠償とともに，名誉を回復するのに適当な処分を命ずることができる。

　謝罪広告とは直接定めていないが，「名誉を回復するのに適当な処分」として，謝罪広告が命じられるケースがある。謝罪広告について，実務は，賠償によっては回復できないような重大な損害が生じた場合に限定しており，ネット投稿でこれが認められることは稀である。

　近時，認められた事例としては，参議院議員で法務大臣であった弁護士が，週刊誌上に，虚偽の弁護士報酬を請求したという記事が掲載されたという事件がある（東京高判平27.7.8判時2285号54頁）。この事件では，裁判例は「（発行部数が全国で多数であり）本件記事が全国で多数の人に閲読されたであろうこと，本件各広告記事が各主要日刊紙に掲載され，各日刊紙の読者も同広告記事を目にしていたこと等の事情を考慮すると，本件記事によって被控訴人の名誉が毀損された程度は著し（い）」とした上で，「その救済としては金銭賠償だけでは十分とはいえず，併せて原状回復の手段をとることが必要というべきである」として謝罪広告を認めた。要するに，掲載されたのが著名な週刊誌であること，その記事の内容について広く広告がされたこと，政治家，大臣，そして弁護士としての信用を害されたことを重視していると思われ，謝罪広告が認められるハードルは極めて高いといえる。

　ネットの投稿問題では，「淫売」などという投稿に対して，謝罪広告ではなく謝罪文の交付を認めた事例（さいたま地判令1.7.17 D1-Law.com）がある。ただし，この事件は欠席裁判であるので，一般に謝罪文の交付が被害者の権利として認められるとまでは断じ難いであろう。

(5)　相場等を踏まえた対応

　前記(4)で述べたとおり，企業が被害者の場合，賠償金額は実際の被害はおろか，弁護士費用を填補するにも遠く及ばないケースがあり得る。また，謝罪広告は，滅多なことでは認められない。

　また，裁判は公開が原則であるため，自社の提出書面は相手方つまり加害者にも全部送られる（あるいはこちらから送る必要がある）ことになり，被害の実態，内部調査の結果など，企業にとって秘密にしておきたい情報を加害者に渡すという結果にもなりかねない。さらに，裁判記録は申請すれば第三者でも閲覧することが可能であるので，企業に対する中傷が集中している場合には，第三者が閲覧してその内容をネットに広め「炎上」するというリスクも想定される。

そこで，裁判による賠償請求以外の解決策についても検討する必要がある。

民事上の紛争は，裁判外で当事者双方の話し合いにより，任意に協議をして金額を決定することも可能であり，その場合の和解金額に制限はない。また，金銭賠償以外に，たとえば2度としないことを誓約させる，投稿に至った事情について詳しく説明させるなども可能である。金銭で被害回復できないのであれば，金銭以外で一部でも被害回復をすることは可能である。

また，判決で無事に高額賠償が認められたとしても，投稿者が実際に支払えるかは別の問題である。加害者がもっている金銭以上に賠償を支払わせることはできず，また，任意に払わない場合には，差押えなど強制執行の手続が必要になるが，これにはさらにコストがかかる。そして，差押えなどの強制執行は，差し押さえるべき財産を特定して行う必要があるため，相手の財産を把握する必要がある。銀行口座であれば銀行はもちろん支店名まで要求されるのが原則であり，給料を差し押さえるのであれば，勤務先を特定する必要がある。車や不動産についても，どれが加害者のものかを特定する必要がある。よくドラマなどで，債務者の自宅に執行官が押しかけて家財道具を押さえるシーンが見られるが，これは容易ではなく，たとえば現金は66万円を超える部分しか差し押さえられない。

そのため，判決で認められる金額は少ない可能性が高く，仮に認められたとして回収できるかどうかは極めて不透明である。

以上を要約すると，以下のとおりとなる。

① 認められる賠償額は数十万円にとどまることが多いが，数万円というケースもあり得る。
② ①では，被害の実損はおろか弁護士費用すら回収することは難しい。
③ 被害回復のために謝罪広告を求めても，それが認められることは稀である。
④ 裁判を行った場合，企業にとって秘密にしておきたい情報などが加害者に渡る，あるいは，訴訟記録が第三者に閲覧され，第三者に知られるリスクがある。
⑤ さらに判決が得られたとしても，相手方が賠償額を任意に支払わないのであ

> れば強制執行の手続が必要であり，追加のコストがかかる。
> ⑥ たとえ強制執行をしても，相手方に十分な財産がなければ差押えができない。
> ⑦ たとえ相手方が十分な財産をもっていてもこれを発見して差し押さえるのは容易ではない。
> ⑧ 原則として金銭以外の請求はできない。
> ⑨ 話し合いと合意による解決（和解）であれば，任意の支払が期待できるし，金銭支払以外の約束もすることができる。

以上によれば，特に企業が被害者の場合は，賠償請求は極力裁判前の和解により解決することが得策であるといえる。

筆者の経験上も，解決金額は裁判前の和解がもっとも高く，次が裁判中の和解であり，もっとも低いのが判決の金額であるということが多い。判決の場合，多少高くなったとしても，判決に至るまでのコストに見合うとは限らない。また，加害者の資力が乏しい場合，弁護士費用より和解金に使ったほうがよいという動機も生じやすい。さらに，和解ではどんな合意も可能である。裁判では基本的に金銭しか請求できないが，和解であれば，秘密を守る，2度と投稿しない，あるいは今後の再発防止のために事情説明を求めるなども可能である。

そもそも金銭での被害回復は困難であり，それができるとしても，回復するのに十分な金額の支払が命じられることは稀である。また，被害者としては正当な金額の請求であるとしても，判決でほとんど認められない結果になれば，「不当訴訟だ」などと別に中傷されるリスクも生じる。

以上を考慮すると，加害者が特定できた場合，可能な限り和解による解決をすべきであり，以下を加害者と交渉すべきである。

> Ⅰ 加害者は，投稿をした事実とそれが違法なもの，事実無根のものであったことを認め，当方に謝罪する。
> Ⅱ 加害者は当方に対して賠償金として金銭を支払う（ただし，0円での和解も検討すべきである）。

Ⅲ　加害者は，当方について２度と中傷を投稿しないことを誓約する。

Ⅳ　加害者は，本件の投稿に至る経緯を説明する（他に同様の投稿を知らないかなど，事情に応じて説明義務を増やす）。

Ⅴ　加害者は事件について一切を秘密にする。

　金額について大幅に譲歩をすれば，金銭支払以外の条項については，加害者は大幅に譲歩して受け容れる傾向がある。もちろん，最近はインターネットで法律情報や賠償金の相場，傾向を知ることができる。そこで加害者がさほど高額にならないと高をくくっている可能性もある。ただし，それでも裁判となれば弁護士費用がかかる，そのような負担をするよりはという心理から合意が成立することが十分に期待できる。

7　事後対応

(1)　事後対応が重要な理由

　前記6で指摘したとおり，賠償請求によっては被害回復をすることは困難である。しかしながら，デマや誹謗中傷により名誉が傷ついて，自社のサービスや商品の評判が低下したのであれば，その回復を図らなければならない。そもそも十分な金銭は得られないため，賠償請求などの法的手続だけでは被害回復は十分にできないという現実がある。

　もっとも，企業そのものにしろ，商品やサービスにしろ，ネット上の表現トラブルで失われるものは，評判にすぎない。評判は，社会一般からみた評価であり，したがって，一度評判が失われたとしても，再度，正しい情報が広まれば，被害を回復することができる。具体的には，法的措置をとったこと，それにより解決（和解の成立，判決など）をしたということを公に発表することで，低下した評判を回復することができる。

　ただし，昨今のフェイクニュースの隆盛を見てもわかるとおり，面白いデマに面白くない真実は勝つことができない。それでも，たとえば発信者情報開示請求で開示が認められれば，権利侵害の明白性，つまり違法であることが明白であると認められたことになる。また，投稿者との和解が成立し，加害者がその責任を認め，謝罪したという事実があれば，「正しいのは自社である」ということをわかりやすく示すこともできる。

　また，このような法的措置をとり責任を取らせたという事実は，デマを流布し，中傷を行っている者には大きな抑止力となる。筆者も，企業が継続的に中傷被害を受けているという事案を担当するたびに痛感するが，これまで毎日のように中傷の投稿が続けられていても，発信者情報開示請求が認められ，そのことが公になると，あっという間に投稿がなくなるということは珍しいことではない。中傷を投稿している者は，表向きは義憤である，真実を伝えるなどと

述べている。しかし結局は，安全圏から加害をしたいというだけであることがほとんどであり，安全圏でないことがわかると，たちまち逃げ出すのである。

(2) 発表・広報のコツ

　ネットで誹謗中傷を受けている場合，それに対するリアクション，特にネット上での表現によるリアクション（反論，弁解）については，細心の注意を払うべきである。

　おおむね以下のようなリスクがある。当初の誹謗中傷においては弁護士に相談しなかったが，うかつな反論をしてしまい，そのせいで炎上してしまったため，相談するに至ったというケースもあり得る。

①　かえって注目を集めてしまう

　ある企業に関する情報について，一番発信力があるのはその企業自身である。その企業の評判，風評に一番影響力があるのは，その企業自身，つまり，自分の情報発信が一番に注目されるものである。

　したがって，誹謗中傷に対する反論，たとえば，「今般，弊社の製品Aについて……という情報が流れていますが……」などと発表すると，そもそもそれを知らない人まで，「えっ？　何か問題があったの？」という具合に，かえって誹謗中傷の情報への注目度を上げてしまいかねない。

　個人に対する中傷ではより顕著であるが，自分に対する中傷は，自分が考えているほど影響力がなく，読者は自分と加害者だけであるということも珍しくない。要するに，自分が思うほど，自分の悪評は世間に気にされてはいないということである。そのような事情があるにもかかわらず，何らかの発表をすると，かえって注目を集めてしまうリスクがある。

②　加害者に動機を与えてしまう

　人を殴れば「手応え」というものがある。どれくらい怪我をさせたかなどである。石をガラスに投げつければ，割れたか割れていないかがわかる。

　誹謗中傷を行う者にとっては，それ自体が楽しいという者もいれば，できるだけ被害者に被害を与えたいという者もいる。いずれにせよ，自分の「成果」について注目をしている。

　被害者が何らかの応答，発表をした場合，加害者からすれば「成果が上がった」「効いている」「困っているな」ということで，「うまくいっている，もっとやろう」という動機を与えかねない。

　加害者は，被害者に被害を与えたい，被害者に自分たちを知ってほしいという気持ちが強い。筆者が相談を受けた案件でも，加害者と思しき人物が，わざわざ企業の問い合わせフォームに，どこどこで誹謗中傷がされていると投稿していたことがあった。

　したがって，自社が声明文などを発表した場合，加害者にもっと誹謗中傷をする動機を与えてしまいかねないというリスクがある。

③　新しい加害の材料を与えてしまう

　自社の発表した内容によっては，むしろ新たな加害の材料を提供する結果となってしまいかねない。

　たとえば，自社製品について，AとBという欠陥があるという誹謗中傷が行われているとする。ところが，Aという欠陥は実際にはあるが，Bという欠陥は存在しないとする。この事案において，誹謗中傷されていることを公表した場合，問題が生じる可能性がある。

　たとえば，AとBという欠陥はどちらもない，事実無根であるということになれば，嘘をつくことになってしまう。仮に発覚すれば，さらなる被害を呼び込むことになるので絶対にすべきではない。一方で，Bは存在しないという発表をすると，Aについての存在を認めたとも読めてしまう。Aの欠陥についての誹謗中傷が，ますます過熱することになってしまう。

　自社としては嘘をつくわけにはいかない。そして，誹謗中傷に一部でも真実が混じっているのであれば，それを否定するわけにもいかない。そうなると，それについて暗に認めざるを得ず，したがって新しい誹謗中傷の材料を与えて

しまうことになる。

＊　　＊　　＊

　以上の注意点を踏まえると，そもそも外部に何かを表明すべき場合かどうか
を判断し，その上で公表する場合には内容を検討する必要がある。

　まず，何かを表明する場合であるが，第1の条件について，現在も被害が拡
大している，新しい投稿がある事案，あるいは投稿が繰り返されそうな可能性
のある事案に限るべきである。要するに，現在炎上中の案件に限るべきという
ことである。また，現在炎上中であっても，いわゆるB to Bの企業であれば，
あまり被害がない可能性もある。この場合は，仮に何か声明文を出すとしても，
ネットで公表するのではなくて，取引先への書簡という形にすべきである。
もっとも，労働環境に関する誹謗中傷の場合，求人に差し支えが生じるので，
やはりネットで公にすべきである。

　このように実施の適否を慎重に検討すべきなのは，以上で指摘したようなリ
スクもそれなりに高いためであり，被害の抑止をするという必要性が高いケー
スに限るべきであるという趣旨である。要するに，少しでも危ない橋を渡るの
であれば，それなりに渡る理由がある場合に限るべきということである。

　以上の注意点を踏まえ，発表・広報をする際に心がけるべき，そして記載す
べき事項は以下のとおりである。

I　案件に対する謝罪を広報する

　自社は被害者ではあるが，そもそも発表の宛先は一般公衆であり，そして顧
客である。そのため，心配や騒がせたことについての謝罪は最初にすべきであ
る。

　特に一般消費者向けの事業を行っており，その商品・サービスに欠陥がある
といった内容の誹謗中傷の場合は，購入者・利用者への謝罪の言葉を手厚くす
べきである。

Ⅱ　流布されている誹謗中傷の内容を特定する。ただし概括的に表現する

　対外的に何かを発表する以上は，どの件についてであるかを特定する必要がある。したがって，「現在，弊社について……という情報がインターネット上で広がっていますが」というような記載をする。このときのポイントは，あまり特定をしない，概括的な記載に留めることである。

　たとえば，「A社の甲製品にXという欠陥がある。製造時期によっては，Yという欠陥もあるらしい。自分は，ここでバイトをしていたことがあるから知っている」というような投稿があり，「バイトが告発！　A社の甲製品が実は危険⁉　欠陥Xに続きYも発覚！」などと炎上が続いている場合を想定する。この場合，そのまま「弊社の甲製品について，Xという欠陥があり，またYという欠陥もあると，アルバイト従業員が告発している，とインターネット上に投稿されていますが」などと記載することは避けるべきである。理由は2つあり，1つは対象となる案件の範囲が狭められてしまうこと，もう1つは，投稿者に「動機」を与えてしまうためである。

　1つ目について，この手の中傷投稿は，話に尾ひれがつき，もっともらしい話が付け加えられていく，バリエーションが増えていくということも珍しくない。前記の例でいう，欠陥Zも発覚した，製造現場や開発者からの告発である，消費者の体験談とかが追加されるなどが考えられる。以上のように投稿を特定してしまうと，新しい「尾ひれ」がついてきたときに，再度公表し直す必要が出てきてしまう。

　そもそも中傷は，その事実を知られること自体が会社にとっての損失であるので，不用意に話が広まることは避けたい。しかし，あまり特定して広報してしまうと，尾ひれがつくたびに広報することになり，かえって注目を浴びてしまうリスクがある。しかし，尾ひれがついた話をそのまま放置すると，広報の効果が薄れてしまう。

　2つ目については，前記②において指摘したとおり，そもそも広報には，加害者に加害の動機を与えてしまうというリスクがある。このリスクは，広報する以上は避けられない。しかし，問題の投稿が特定されていると，そのリスク

はさらに引き上がる。加害者としては，会社に損害を与えたい，あるいは自身が注目されたいと考えている。それに対して会社が投稿を特定して広報を行うと，加害者が自分の投稿が認知された，会社に影響（被害）を与えている，注目を浴びていると，強力な「成功体験」感を抱いてしまうことになる。

この問題は，問題の投稿の特定を概括的にすることで，ある程度和らげることができる。自分の投稿が，被害企業からどの程度注目されているかヒントを与えないことが重要である。

したがって，概括的に，「弊社の甲製品について欠陥がある等とインターネット上に投稿されていますが」というように話題を概括的に特定することが好ましい。

Ⅲ　事実上の対応は具体的に，法的対応は抽象的に広報する

自社の製品やサービスについての中傷が投稿された場合，それについての問い合わせが殺到する場合もある。また，一部が真実である場合，たとえば製品に欠陥があること自体は真実であるという場合には，交換対応なども必要だろう。

このような問い合わせに対応する窓口の設置や交換対応など，顧客に向けた対応は，具体的に広報することが好ましい。もちろん，「誠実に対応します」とか広報していけないわけではないが，具体的に対応策を述べておかないと，無策だという印象を与えてしまう。また，それを材料として，繰り返して中傷投稿がなされてしまうリスクもある。

一方で，法的措置を予定している場合は，抽象的に「弁護士と相談の上，法的措置をとる予定です」程度に留めるのがよい。

第2章の2で述べたように，ネット上の中傷投稿には，さまざまな法的責任が生じ，それに対応する法的措置もいろいろな方法がある。発信者情報開示請求をして投稿者をみつけ出して賠償請求する方法もあれば，名誉毀損罪で刑事告訴するなどのルートもある。中傷投稿一般にいえることであるが，中傷投稿を行う者は，少なくとも投稿時点では，自らが法的責任を追及されるとは夢にも思っていないことがほとんどである。同時に，仮に自分が法的責任を追及さ

れる可能性があると感じると，たちまち「怖くなってやめる」というのが一般的な傾向である。法的措置には，中傷投稿者に対して良い意味での萎縮効果がある。実際に筆者も投稿者からの相談を受けていると痛感する。明白に違法な投稿をしてしまった者はもちろん，そうではない，つまり違法性がないであろうと投稿をしたにすぎない者も，「2 度と投稿したくない」と言い切るのがほとんどである（表現の自由との関係で問題であるが，現実に萎縮効果を狙って，違法性が定かではない投稿に対しても法的措置をとる，その予告をする者は少なくない）。

このような警告的効果を最大限に発揮させるには，予告する法的措置は抽象的であればあるほどよい。あまりに限定してしまうと，その効果が削がれることになる。

たとえば，「特に悪質な者については発信者情報開示請求を行い，損害賠償を請求する方針です」という広報をすると，中傷者としては，「自分はそこまで悪質ではないから大丈夫」などと，自分を対象から外してしまう場合がある。そうなると，警告の効果が上がらない。また，「発信者情報開示請求を受けると『発信者情報開示請求に係る意見照会書』が届くらしいが届いていないし，通信記録の通常の保存期間である 3 カ月を過ぎたのでもう平気だ」と，自分は大丈夫と思われてしまう。もちろん，以上は正確な判断ではない。自分の投稿が悪質であるかどうかは，そう簡単にわかることではないし，通信記録の保存期間も 3 カ月「以上」というのが実態である。

しかし，自分に法律問題が生じた場合，自分にとって都合の良い情報ばかりをかき集めて「安心」しようとすることは珍しくない。弁護士であれば，そのような誤解を抱えてきた相談者の誤解を解くのは，特に一般市民相手の法律相談では日常茶飯事である。これはネットトラブルに限らないが，ネット上の表現トラブルでは，特にネットで情報収集がしやすいので，なおさらそのような傾向がある。

さらに，法的措置を限定して列挙すると，結局「しなかった」場合の説明に窮することになる。もちろん，法的措置を予告したからといって企業にそれを

行う義務が生じるものではない。しかし，中傷者に対しては，そのような説明は通じないので，嘘をついた，脅しだったなど，新たな中傷の材料を提供することになってしまう。一方で，抽象的に法的措置をとるというだけ述べておけば，このような矛盾が生じることはない。

　以上のように，顧客に向けては具体的な施策を発表することが大事であるが，法的措置については，警告的な効果を最大限発揮させるべく，抽象的な表現をするのが得策である。

コラム⑫

非弁業者に注意！

　運転免許がなければ自動車を運転できないように，また，医師免許がなければ医業が営めないように，弁護士でなければ法律事務を取り扱えないとされている。

> 【弁護士法72条】
> 　弁護士又は弁護士法人でない者は，報酬を得る目的で訴訟事件，非訟事件及び審査請求，再調査の請求，再審査請求等行政庁に対する不服申立事件その他一般の法律事件に関して鑑定，代理，仲裁若しくは和解その他の法律事務を取り扱い，又はこれらの周旋をすることを業とすることができない。ただし，この法律又は他の法律に別段の定めがある場合は，この限りでない。

　無資格で弁護士業をする行為は非弁行為といわれており，2年以下の懲役または300万円以下の罰金という罰則（弁護士法77条3号）もある。規制の対象は代理などの交渉だけではなくて契約書の作成やチェックなど「法律事務」一般であるとされており，非常に広い。

　ただし，規制の対象は，あくまで他人のために法律事務を取り扱う行為である。したがって，たとえば自分で自分の債権を回収する場合は，当然，非弁行為にはならない。企業の法務担当者が所属する企業の法務を取り扱う行為も，あくまで企業の手足

として，企業が自身の法律事務を取り扱っていることになるので，規制の対象にはならない。

　非弁行為といっても流行廃りがあり，かつては反社会的勢力が借金の取立てなどを行うケースが多かった。最近は，詐欺被害や消費者被害を「救済」するなどと標榜して，「クリーンな」イメージで非弁行為を行う業者が多いようである。

　また，非弁業者は流行に非常に敏感である。現在もなくなったとは言えないが，かつて過払い金返還請求が全盛だった頃，NPO法人や「○○支援センター」などと公的な機関を装って消費者金融の元利用者に近づき，当該返還請求の案件を請け負って，高額な報酬を受け取る行為が横行したことがあった。

　最近は，ネットの投稿による被害・トラブルが，たびたびメディアで取り上げられるため，非弁業者もこの「流行」を敏感に察知し，ネットの投稿による被害を救済する等と標榜して，非弁行為を行う者が増えている。これらの非弁業者は，依頼を受けて削除請求の「代行」などを行っているようである。非弁業者の言い分としては，あくまで「代行」であること，交渉していないから非弁行為ではないと主張するが，もちろんそれは誤りである。非弁行為の対象となるのは「法律事務」であるが，弁護士法はこれについて「鑑定，代理，仲裁若しくは和解その他の法律事務」と定めている。法律用語で「Aその他のB」といった場合，AはBの一部であり，例示である。たとえば「寿司，蕎麦その他の和食」というようなものである。

　交渉（代理）は，法律事務の一部であるが，法律事務は代理に限られるものではない。法律事務の中には，法律関係を発生・変更したり，あるいはそれを保全するような行為も含まれると理解されている。削除請求については，「フォームに入力して迷惑を被っている旨の情報を提供する行為は，原告の人格権に基づく削除請求権の行使により，ウェブサイトの運営者に対し，削除義務の発生という法律上の効果を発生させ，原告の人格権を保全，明確化する事項の処理といえる」（東京地判平29．2．20 判タ1451号237頁）と判断した裁判例もある。

　非弁行為は犯罪である。そして一般に犯罪を依頼すると教唆犯（刑法61条1項）が成立する。一方で，非弁行為については，依頼をしても教唆犯は成立しないとするのが判例である（最判昭43．12．24 刑集22巻13号1625頁）。ただし，非弁行為の依頼が犯罪にならないとしても，犯罪を依頼すること自体，企業の法令遵守として不適切であるし，そもそもそれこそが「炎上」の原因になりかねない。

　また，非弁行為は無効とされる場合もあり，そのため，削除請求が無効となり，コンテンツプロバイダに相手にされないリスクもある。コンテンツプロバイダによっては，非弁業者からの請求は一律に無視する，拒絶する扱いのところもある。

　非弁業者は，弁護士のように広告について厳重な規制（弁護士は，日本弁護士連合会が定めた「弁護士の業務広告に関する規程」を遵守する義務がある）がないため，

無責任な見通しを告げることもしばしばある。非弁業者の宣伝文句は非常に魅力的に感じることもあろうが，百害あって一利なしといえるので依頼をすべきではない。

....

コラム⑬

逆 SEO とは？

　SEO とは，Search Engine Optimization の略であり「検索エンジン最適化」と訳される。これは，特定のキーワードで検索した場合において，その「検索順位」を上にもっていくための工夫をいう。特定ジャンルの商品やサービスについて，検索からのアクセスを目指して行われる行為であり，これについてアドバイスをする会社なども多い。

　一方で，逆 SEO とは，「自分にとって不利益な投稿が検索で表示されないようにする」ための行為，工夫をいう。具体的には，氏名や会社名で検索した場合に，不祥事などを告げるウェブページが上位に表示されないようにするため，多数のページを作るなどの措置を指す。たとえば社名が「A」であった場合，「A」で検索すると，商品の欠陥による事故など不祥事が多数表示するケースを考える。この場合，「A」で検索された時に自社の不祥事が表示されることを防ぐために，「Aの会社案内」「Aのスタッフ日記」など，当たり障りのないダミーのウェブページを大量に作る。そうすると，「A」で検索してもそのようなウェブページしかヒットしないようになるので，不都合な記事が表示されることを防ぐことができるというものである。したがって，問題になる不都合なページの検索順位を相対的に下げるので，検索順位を上げる SEO の逆，つまり逆 SEO と呼ばれるのである。

　このような逆 SEO は，法的に削除できない内容，あるいは海外サービスへの投稿であっても，効果的に「見えなくする」ことができるというのが魅力である。しかし，筆者は，逆 SEO をお勧めしない。その理由は以下のとおりである。

　第1に，効果が不透明だからである。他のダミーのウェブページが常に上位に表示されるとは限らない。順位を決めるのは検索エンジンの運営会社だからである。しかも，検索エンジンの運営会社は，少しでも有益なウェブページが上位になるよう工夫を凝らしており，常にルールを見直している。この「有益さ」の基準で表示の順位を検討した場合，ダミーのウェブページは順位が低くなりやすい。一方で中傷の投稿

については，尾ひれがついて詳細も投稿されている。そのため，検索エンジンは中傷投稿のほうをより有益であると判断する可能性も高い。

　次に，逆 SEO は逆効果を及ぼすリスクも大いにある。逆 SEO は，元の投稿を消すものではない。たくさんの投稿を増やして，それに紛れ込ませて問題のある投稿を見せないだけである。すなわち，ダミーとはいえ投稿自体の量は増えることになる。社名で検索して表示される量そのものは増える。そして，表示されるウェブページはダミーであるので，「A社の従業員日記」「A社の従業員ブログ」「A社の案内」など，ほとんど内容がない不審なページが検索結果に並ぶことになる。そのため，中傷よりはマシであるが，検索結果が不気味，不信感を抱かれるリスクは避けられない。

　さらに逆 SEO 自体はポピュラーな手法であり，検索者によっては，逆 SEO がなされた事実に気がつく者も現れる可能性がある。それが中傷者本人であったりすると，「やはり都合の悪いことなんだな」「本当だったんだ」「こんなことで『もみ消し』をしている！」と，さらに投稿が増え，炎上することにもなりかねず，対策として逆効果にもなりかねない。

　また，逆 SEO を応急措置として使う場合もデメリットが多い。つまり，問題の投稿が消されるまでの時間，応急措置的に逆 SEO を行い，問題の投稿が削除されたら，ダミーのページも消すというものである。このダミーのページを消すには，分量が多いので，時間も手間もかかる。また，管理をしているのは逆 SEO 業者であるので，それについて高額な「手数料」を請求される可能性もある。内容が不審なだけであり，しかも企業自身の依頼に基づくものなので，ダミーのページについて法的に削除請求するのが難しい場合も考えられる。

　最後に，もっとも注意すべきなのは，逆 SEO が犯罪になる可能性もあるということである。逆 SEO は，その性質上多数のウェブページを作るため，そのスペースを確保するのに，ブログ開設サービスや，動画投稿サービスを使うことになる。これらのサービスは無料で使えることが多いが，提供業者は，あくまで通常のブログや動画の投稿のためにサービスを提供しているにすぎない。逆 SEO のために提供しているわけではないため，目的外の利用で提供を受けることで，ブログや動画投稿のためのスペースを「だまし取った」と評価する余地もある。

　さらに，無料のサービスの提供を受けるだけでも，その提供を受けるにあたって嘘があれば，詐欺罪（刑法246条２項）が成立する可能性もある。実際に詐欺罪に問われたケースはないようであるが，これらのサービスを提供する業者からすれば，騙された，迷惑であることに変わりはない。また，業者にとっては余計なトラブルに巻き込まれるリスクもある。

* * *

　以上のとおり，逆 SEO は，投稿の法的評価に左右されないというメリットがある一方で，そもそも効果が上がるかどうか，続くかどうかも不透明である。また，炎上の原因にもなりやすく，そもそも適法性にも疑義がある場合もあり得る。

　筆者も，逆 SEO を利用「後」のケースについて相談を受けることが多く，利用者が，当初の投稿以上に大きな被害に遭っているケースもある。そのため，逆 SEO の利用は基本的に推奨できない。

第4章

ケース別の対応

1 第3章までのまとめと注意点

　まず，第1章においてネットトラブルの基本，現状について概観した。また，企業の法務担当者の重要性や，押さえておいたほうが良い事情などについても触れた。

　次に，第2章においては，ネット上の表現トラブルにおいて，加害者がいかなる責任を負担するか，被害者である企業としては何が請求できるか，法的評価や結論などの法律論を中心に解説をした。

　さらに，第3章においては，第1章と第2章で解説したことを踏まえ，実際の法的手続，ネット上の表現トラブルの相手方がわからないという特殊性，削除請求や発信者情報開示請求が必要であること，その場合の実務の取扱いや手続の流れなどを解説した。

　裁判を利用する場合など，弁護士でなければできない手続もあるが，弁護士に依頼する場合でも，弁護士が適切に処理方法を選択し，かつ，良い結果を得るためには，依頼企業側のサポートが不可欠である。依頼者の協力が重要なのはいかなる事件でも同じであるが，ネット上の表現トラブルにおいては，特にそれが顕著である。なぜなら，場合によっては投稿が虚偽であることの証明が必要であるが，それを証明する資料等は企業側に用意してもらわなければならないからである。ネット上の表現トラブルは，数ある法律事件のなかでも，依頼者の協力がもっとも重要な事件類型の1つである。

　ネット上の表現トラブルに対して，企業の法務担当者として立ち向かう場合，弁護士に頼まないケースはもちろん，弁護士に頼むかどうかの検討，さらに，相談，方針決定，事件処理上の協力など，いずれにおいても企業の法務担当者の役割は重要である。弁護士に依頼したので，あとは，聞かれたことにだけ答えればよいというわけではない。

　本章では具体的なケースを想定し，その対応について解説するが，弁護士に

とって解決への見通しが立てにくい事件も多い。その場合，弁護士はいくつか
の見通しの可能性や考慮要素を相談者である企業に伝えることになる。企業は，
どこまで，どのようなリスクを取るかという極めて微妙な判断が求められる。
そのようなケースで判断を誤らないよう，弁護士には十分な情報を提供する必
要がある。

２　ネットトラブルこそ法務担当者の力が問われる！

　ネット上の表現トラブルこそ，企業の法務担当者の力が特に問われる分野である。

　詳細は，後記３以下で解説するが，たとえば，転職情報サイトに「ブラック企業」との悪評を投稿された場合（後記５参照）が典型である。この場合，発信者情報開示請求を行うには「ブラック（企業）」ではないことの証明が必要である。「ブラック（企業）」とは，労働環境が劣悪であるというスラングの一種である。そのため，労働環境が劣悪ではないことの証明が必要になる。具体的には，サービス残業はないか，労働時間はきちんと守られているか，パワハラやセクハラなどはないか，その防止策も十分にとられているか，あるいは，職場においては安全対策が取られているかなどの確認も重要であろう。安全対策といっても，工事現場のような物理的なものもあれば，カスタマーサービス部門におけるクレーマー対策なども問われる可能性がある。

　発信者情報開示請求においては，通常の名誉毀損と異なり，不名誉な事実が存在することについて投稿者が立証責任を負担するのではなく，不名誉な事実が存在しないことについて，開示請求者つまり被害者側が立証責任を負担する。不名誉な事実がないということは，単に「存在しない」と主張するだけでは足りず，証拠が必要である。そのため，実際に真実としてサービス残業が存在しない職場においても，そのことを証明するには証拠が必要であり，たとえば，タイムカードの記録や職場への入退場の管理体制（IC カードキーがあるかなど）で立証をしていくことになる。このような立証をすべき事項の把握や，立証のための資料収集は，外部の弁護士では困難である。企業の法令遵守体制について日頃から精通しているのは企業の法務担当者であり，その努力が絶対に必要である。

　また，セクハラ，パワハラなどについても同様である。相談窓口が用意され

ているか，研修の実施などどのような施策があるかなどが問われる。

　このような体制整備や施策実施は，事件発生後に対応しても遅い。あくまで
も，投稿当時に証明が必要であるからである。つまり，日頃の対応が重要にな
り，企業の法務担当者の力が問われているのである。また，事件「後」におい
ても企業の法務担当者の役割は重要である。これらの立証ができなかった，あ
るいは困難だった場合，それを踏まえて社内体制を構築，改善するなどの必要
がある。

　このように，ネット上の表現トラブルにおいては，事件中はもちろん，その
前後において企業の法務担当者の果たすべき役割は非常に大きい。

コラム⑭

依頼者と弁護士の「共炎」

　ネット上の表現トラブルにおいて，企業の法務担当者の重要性を繰り返し語ってき
たが，一方で弁護士も適切に事件処理方法を選択して処理することが重要である。
もっとも，弁護士が適切に事件処理をするためには，依頼者側の担当者，つまり企業
の法務担当者が必要十分な情報を弁護士に与え，また，選択や決断が必要な場面にお
いては，弁護士と密なコミュニケーションをとれることが前提である。

　通常，法律事件においては，双方当事者が相当に感情的になる。それゆえ，お互い
が合理的な判断ができずに，十分に自己の権利を守れない，あるいは不利益を被って
しまう場合がある。特にネット上の表現トラブルにおいては，その傾向は顕著である。
投稿された側としては，姿形の見えない者から攻撃を受けることで精神的にも大いに
追い詰められる。また，投稿者は，相手を名指しで中傷する一方で，自らの正体は隠
しているから，投稿された側からすれば非常に卑怯に感じる。そのため，投稿された
側の被害感情は非常に激しくなる。一方で，投稿者は，非を認めて反省する者もいる
が，「この程度の投稿でなぜ法的問題になるのか」「そもそも有名税ではないか」「公
人だからこれくらいは甘受すべきである」などと，投稿された側からすれば身勝手と
も思える考えをする者も少なくない。したがって，ネット上の表現トラブルは当事者

双方が非常に感情的になり，その対立も激しいので，弁護士としてはその調整に苦労することもしばしばある。ただし，企業であれば，ある程度合理的な判断ができることも多い。もっとも，企業が被害者であるとしても，同時に従業員や代表者が攻撃される場合もある。また，企業が当事者でも被害感情が大きいケースもあり得る。苦労して開発した商品やサービスについて中傷される，企業全体に敵意が向けられることにより，その従業員が精神的圧迫を感じるケースなどである。

　被害者が加害者に責任追及をすることは当然の権利である。また，その被害に憤ること，加害者を非難することもやむを得ない場合が多い。ただし，ネット上の表現トラブルにおいては，聴衆が背後にいる。そもそも中傷を投稿した者には一定の発信力があり，だからこそ被害者に被害が生じている。この点を頭に入れておき，たとえ被害感情が激しいケースでも，冷静に事件処理を進めていかないと，思わぬ二次被害を受けることがある。

　典型的なのは処理方法を誤ったり，あるいは法的に誤りはなくても請求方法などに適切さを欠く場合である。

　前者の例としては，どう考えても適法である投稿について発信者情報開示請求をしたり，あるいは，そもそも発信者情報を保有していないプロバイダに対して開示請求をしたりする場合などである。

　弁護士であっても間違うときは間違うし，他の法律事件でもあり得ることだが，ネット上の表現トラブルにおいては，「間違いました」，「時間を無駄にしただけ」では済まないこともある。間違いが，第三者に知られる（たとえば，請求を受けた掲示板管理者が公にする場合など）と，そのことが非難や嘲笑の対象になる。

　中傷をしている加害者にとっては，材料は何でもよく，真偽はともかく，被害者を中傷できればよいのであるから，極力，そのような材料を与えないようにすることが大事である。

　また，法的に正当であっても，請求内容や方法が非難を浴びかねないものであると，それが原因で炎上してしまうことがある。発信者情報開示請求をして発信者情報を入手した後は，発信者に対して賠償請求等をすることになるが，そのときの金額や表現方法，期限設定には注意が必要である。あまりに請求額を高額に設定しすぎたり，やたら短い期限を設定して被請求者に判断や検討，弁護士に相談をする時間を与えないようにしたり，あるいは異常に攻撃的な文言を用いるなどは避けるべきである。ネットで中傷をしている加害者は，一定の発信力をもっている。したがって，攻撃的な書面を送ると，その書面のコピーがネットに掲載され，「こんな恫喝的な請求をやる者はひどい奴で，やはりネットの投稿は本当だった」などと追加で中傷されて二次被害を受ける可能性がある。もちろん，このような行為は別に不法行為になる可能性があるが，被害を受けてしまうことには変わりはない。

　また，弁護士自身も，そのような非難の対象になるケースもある。筆者はこの現象を，依頼者と弁護士が共同で炎上するので，「共炎」と呼んでいるが，最近，そのようなケースが増えているように感じる。

　この原因は，ネット上の表現トラブルについて，弁護士向けに豊富な，そして非常に優れた解説書が多数出版されており，手がける弁護士が増えた一方で，実際の案件については経験が不足していることから，依頼者とのコミュニケーションや，交渉方法について不慣れなまま事件処理をする弁護士が出てきたことが影響していると思われる。特にコミュニケーションがうまくいっていないと，「ガツンと言ってやりました！」と，弁護士が依頼者の歓心を買おうとして，加害者に対し攻撃的な文面を用いるケースが多いようである。もちろん，依頼者は主観的に満足するかもしれないが，事件解決や被害者の被害回復からすれば，何の役にも立たないどころか，かえって二次被害の原因になるにすぎない。

　企業が被害者であれば，感情的にならずに冷静に処理できることが多いが，それでも，「そのような請求を第三者はどのように受けとめるか」に留意し，常に第三者に説明がつくような真摯な振る舞いを心がけることが重要である。当然であるが，当方が被害者で，相手方が加害者で，当方に何らの責任がないケースでも，何をやってもよいということではない。そのことを忘れないようにすべきである。

③ B to C 企業が悪評を顧客に投稿されたケース

　企業のネット上の表現トラブルのなかではもっともポピュラーなもので，相談件数としても一番多い。典型的なのは，飲食店で出されたものがまずかった，小売店で接客態度が悪かったなどである。また，自社の商品やサービスについて酷評されるなどのパターンもある。今日，何か製品の購入を検討する場合，ネット上のレビュー，情報を検索することは常識的に行われている。読者も商品名で検索を繰り返して情報を収集した経験はたくさんあると思う。調べるなかでネガティブな情報に触れ，それで購入を取りやめることも珍しくない。

　したがって，ネット上で自社製品やサービスについて悪評を書かれると，売上に影響することになり，企業としては看過できない事態になる。

　また，ある議員から聞いた話であるが，悪評を書かれることのもっとも大きな被害は，自分の評判や人気が低下することではなく，支援者の士気に悪影響を与える点にあるという。支援者が自分の支援する候補者に対する中傷を目にすると，他人に支持を呼びかけにくい，自分も公に支援をすることをためらう，というものである。企業についても，苦労して開発した商品やサービスについて，悪評が広まれば，売上だけではなくて従業員の士気に影響することもある。対顧客だけではなくて，従業員との関係でも看過することができない事態である。

　もっとも，このような投稿への対応は悩ましい。第3章7で解説したように，何らかの発表をするにとどめ，削除請求や発信者情報開示請求は避けるべき場合もある，また，そもそも法的措置が有効ではない（認められない）ケースも少なくない。

　ここでは，「B to C 企業が悪評を顧客に投稿されたケース」について，確認すべき点や判断のポイント，対処方法について解説する。

(1)　収集するべき情報

基本的には，以下のような情報，あるいは事情を確認すべきである。

---

① 投稿内容，投稿場所
② 社名，商品名，サービス名で検索した場合の検索順位
③ 内容は事実を含むか，それとも評価のみか
④ 内容に事実が含まれるのであれば，それは真実か
⑤ その事実について客観的に反証できるか

---

①は基本中の基本である。②は，どの事件でも大事であるが，本件では特に大事になる。

先述のとおり，このような投稿は，購入・利用を検討している消費者がそれを取りやめるという悪影響がある。ただし，どんなに熱心な消費者でも，すべての情報を検討するわけではなく，基本的に商品名等で検索して表示された検索結果のうち，1頁目か2頁目程度を見るにすぎない。どこまで詳細に見るかは，その商品・サービスの価格や重要性に左右される。数百円程度の消耗品であれば1頁目くらいしか見ない可能性が高いだろうが，高額な自動車などであれば，念入りに調べられることが多いだろう。

余談であるが，個人が弁護士を探す場合も重要な決断であるため，詳しく調べる傾向がある。アクセス解析によれば5頁目〜10頁目まで見るケースも珍しくはないようである。

③について，ここにいう「事実」とは，本当か嘘かを問わず，真偽は関係なく，具体的な事柄であるかどうかという意味である。事実か評価なのかという問題である。たとえば，飲食店であれば「出された料理がまずかった」は評価であるが，「あそこの料理は産地偽装である」というのは，事実である。この切分けは非常に難しいこともあるが，証拠によりその存否を決することができるかが1つの判断基準である。

この分類が重要なのは，評価についてはそれが否定的なものでも違法になりにくいのに対して，事実の摘示については，それが不名誉な事実であれば，権利侵害が認められやすいからである。判例（最判平9.9.9 民集51巻8号3804頁）においては，以下のように判示している。すなわち，「名誉毀損の不法行為は，問題とされる表現が，人の品性，徳行，名声，信用等の人格的価値について社会から受ける客観的評価を低下させるものであれば，これが事実を摘示するものであるか，又は意見ないし論評を表明するものであるかを問わず，成立し得るものである」として，論評であっても，名誉毀損は成立するとしている。しかし，その成立範囲について「ある事実を基礎としての意見ないし論評の表明による名誉毀損にあっては，その行為が公共の利害に関する事実に係り，かつ，その目的が専ら公益を図ることにあった場合に，右意見ないし論評の前提としている事実が重要な部分について真実であることの証明があったときには，人身攻撃に及ぶなど意見ないし論評としての域を逸脱したものでない限り，右行為は違法性を欠くものというべきである」としている。

要約すると，論評の名誉毀損は，社会の正当な関心事であり，かつ，論評の基礎（根拠）となる事実について真実か，相当な根拠があり，論評としても適切な域にあれば適法化される，ということである。これを，商品やサービスについての論評に適用すると以下のようになる。すなわち，商品やサービスの品質に関する情報は，基本的には社会の正当な関心事であるといえる。そうすると，残りは真実性の問題になるが，事実については少なくとも相当な根拠が必要であり，論評はそれに基づく必要があり，虚偽の事実に基づく論評は違法であるということになる。投稿された企業の側から見ると，論評のみでは責任追及は難しいが，事実に基づき，それが虚偽であれば，責任追及の余地があるということになる。したがって，その真偽についても調査をする必要がある（④）。

最後に⑤については，繰り返し述べているとおり，発信者情報開示請求において，真実に反することの証明責任は，請求者側にあるためである。ただし，少なくとも虚偽とはいえない事実に基づく論評についてまで法的措置をとることは，炎上を招く可能性があるので避けるべきである。

⑵　**対処方法**

　まず，原則として，よほど悪質なもの以外は法的措置をとらないこと，法的措置をとるほどではない（法的措置をとることが難しい）場合は，自社から広報することを検討する。

　実は，このテーマについての裁判例は公刊やデータベースに収録されているものがさほど多くない。発信者情報開示請求においては，基本的に認容されたものが先例的価値が高いので，公刊等されにくい。つまり，認容例はさほど多くない。そもそもの問題として，論評については名誉毀損が成立しづらい。たとえば，店員に邪魔だと怒鳴られたなど，そのような具体的事実が摘示されることは少なく，接客態度が悪いなどの事実を根拠にしない，主観的な評価，感想にとどまるものが多いからである。そのため，発信者情報開示請求において，権利侵害の明白性を認めてもらい，請求認容判決を得ることは相当に難しい。

　したがって，たとえば産地偽装している，腐敗している，あるいは，危険な欠陥があるなど，事実に関する投稿に限って法的措置を検討することが望ましい。

　また，仮に発信者情報開示請求訴訟を提起して敗訴した場合，その事実は，発信者情報開示請求に係る意見照会の過程で，発信者に知られることになる。そうなると，ユーザーの意見を聞かないで口を封じる悪質な企業である，恫喝訴訟をしたなどと，かえって炎上の原因になりかねない。

　裁判所は，この種の発信者情報開示請求に比較的厳しい見方をしている。たとえば，飲食店チェーンについて無添加であるとの宣伝が「イカサマくさい」などと投稿したケースでは，投稿の重要部分は真実であるなどと判断して，発信者情報開示請求を棄却している（東京地判平29.4.12 D1-Law.com）。「イカサマくさい」とは，非常にきつい表現である。論評であっても，人身攻撃に及ぶなど不適切な内容になれば，違法となり得るが，この程度の表現であれば，違法性は認められにくい。同裁判例も「『イカサマくさい』という言葉遣いは，上品とは言い難い表現ではあるものの，人身攻撃に及ぶなど意見又は論評とし

ての域を逸脱したものとまではいえない」と判断している。発信者情報開示請求をした企業側からすれば，自社に対する「イカサマくさい」という表現が，この事例限りであるが適法であると認定されてしまったことになる。

　そのため，法的措置を検討するにしても，よほど悪質なもの，具体的には，明白に虚偽の事実を指摘するもので，それが客観的に容易に証明できるものに限るべきであろう。たとえば，飲食店であれば，食中毒騒ぎを頻繁に起こしている，小売店であれば，偽物を販売して返品騒ぎになったなど，そのレベルのものである。

　また，悪質性だけではなくて，検索順位が上位のものに限るべきである。ただし，検索順位が上，悪影響が大きそうであるが，一応は真実を根拠にしている場合は法的措置をとるべきではない。その場合は，前記のとおり，意見公表をして対処すべきである。

　なお，検索順位はそのページの有益性で決定されるところ，商品名との関係では，企業の公式サイトが上位にいきやすい。企業の情報について，一番目立つ「発信場所」を確保しているのは他ならぬ企業自身なのである。したがって，そのようなネガティブな記事が上位にいくことを防ぐ，いわば「打消し」の効果もある。

　最後に，前記の飲食チェーンの事件は，広告の内容に起因する事件であったが，広告のあり方という平時の法務が，中傷投稿という有事に影響すること，そして，平時の法務すなわち企業の法務担当者の重要性が浮き彫りになる事案であるといえよう。

4 「バイトテロ」のケース

(1) 「バイトテロ」とは何か

　バイトテロとは，アルバイトなどの従業員が，会社に重大な損害を与える行為（わるふざけ）を，特にネットへの投稿を通じて行うことをいう。この言葉は一時期非常に話題になったので，知っている方も多いと思われる。

　コンビニのアイス用冷凍庫に入った，飲食店でゴキブリをフライヤーで揚げたなど，特に飲食店の衛生に関わる事案が多い。これは，他のネット炎上のケースでも共通する特徴である。「けしからん」と，世間の不興を買うような案件であり，かつ，閲覧者の身にも被害が及ぶかもしれない「怖い」ケースは，炎上しやすい。

　一方で，悪質性が高くても，わかりにくいもの，あるいは一般市民に被害が直接及ばない（及ぶと考えられない）ものは，炎上しづらい。

　バイトテロは，責任感のない人間が不適切な行為をするため，「けしからん」と思われやすい。また，その舞台も，アルバイトが活躍する飲食店が多く，食品衛生という観点で自分に被害が及ぶ分野である。したがって，社会の耳目を非常に集めやすい。

　ここでは，「バイトテロ」のケースを主な対象としつつも，対策は応用できるので，おおむね，従業員が不適切行為をして自らネットに掲載するケース一般を含めて対処方法を解説する。

(2) バイトテロの法的評価

　バイトテロの法的評価は，基本的には，従業員と会社との労働契約の債務不履行ないし不法行為ということになる。

【民法415条１項】

　債務者がその債務の本旨に従った履行をしないとき又は債務の履行が不能であるときは，債権者は，これによって生じた損害の賠償を請求することができる。ただし，その債務の不履行が契約その他の債務の発生原因及び取引上の社会通念に照らして債務者の責めに帰することができない事由によるものであるときは，この限りでない。

【民法709条】

　故意又は過失によって他人の権利又は法律上保護される利益を侵害した者は，これによって生じた損害を賠償する責任を負う。

　実務上は，遅延損害金の計算が事件日から起算されるので，後者（不法行為）によることが多い。また，通常，雇い入れのときに，企業は身元保証を受けていることが多い。身元保証とは，従業員が労働契約上，雇用主に与えた損害について，保証をするというものであり，入社時に慣例的に，雇用主が労働者に求めているが，アルバイトの場合は求めないことも多い。

　バイトテロも労働の過程で雇用主に与えた損害なので，身元保証の対象になる。特に若年のアルバイトが加害者の場合は資力が低いので，重要なポイントになり得る。ところが，身元保証については，親族が義理で保証人になるが，保証をしたことも忘れた頃に請求を受ける，しかも高額な請求を受ける等の問題があるので，特別法により修正（制限）されている。

　身元保証ニ関スル法律は，身元保証について制限をする法律で，期間を原則として３年（同法１条），最長５年（同法２条１項）とし，延長する場合も５年単位（同条２項）とし，期限だけでも相当な制限がされている。また，責任の重さについても，雇用主は，保証人に責任が生じそうになった場合は通知義務（同法３条）があり，それを保証人が受けた場合は，保証期間の途中でも身元保証契約を解除することができる（同法４条）。さらに，保証の範囲についても，以下のような概括的な制限をする定めが置かれている。

【身元保証二関スル法律5条】
　裁判所ハ身元保証人ノ損害賠償ノ責任及其ノ金額ヲ定ムルニ付被用者ノ監督ニ関スル使用者ノ過失ノ有無，身元保証人ガ身元保証ヲ為スニ至リタル事由及之ヲ為スニ当リ用ヰタル注意ノ程度，被用者ノ任務又ハ身上ノ変化其ノ他一切ノ事情ヲ斟酌ス。

　実損すべてが賠償されるのではなく，さまざまな事情を総合考慮して，金額が算定される。この法律は，身元保証人の責任を軽減する法律なので，ここに掲げられた使用者の監督責任や，身元保証に至る事情，労働者の事情は，いずれも責任を軽減する事情になるかという観点で検討されることになる（なお，令和2年4月1日施行予定の改正民法465条の2第2項により，同日以降締結の身元保証契約については極度額の定めが必要と解されていることは留意されたい）。

　以上の他，業務上の非違行為になるため，懲戒処分の対象となる。わが国における解雇規制は非常に厳格であるが，一方で故意の非違行為には比較的厳しい処分が認められやすい。程度によるが，解雇処分が可能なケースが多いだろう。

　まとめると，バイトテロの実行者に対して使用者は，その損害を賠償請求することができ，懲戒処分も可能であるということである。

　最後に，バイトテロの画像や投稿を掲載する行為の法的評価についてであるが，行為者自身が投稿をする行為は問題なく違法である。企業の名誉権を侵害するからである。また，投稿自体が問題行動という違法行為の一部であり，後述する適法化要件のうち，公益を図る目的がないからである。

　一方で，そのような投稿をみつけた者が，これを拡散する行為は適法化される余地がある。すなわち，名誉毀損においては，たとえ名誉権を侵害しても，社会の正当な関心事（公益目的かつ公共の利害に関する事実）であり，真実の証明か，少なくとも相当な根拠があれば適法化されるとされている（第2章の5(4)参照）。これをバイトテロについてみると，企業の名誉権を侵害するとい

う点は問題ない。しかし，画像や動画があることで，通常は真実であることの証明ができてしまっている。また，社会の正当な関心事という点でも，たとえば飲食店での不衛生な行為などは，一般消費者に被害が生じる可能性のある行為だから，社会の正当な関心事といえる可能性が高い。そのため，拡散されたバイトテロに関する情報を削除することは一般的に難しい場合も多いと思われる。

⑶　バイトテロ発生時の情報収集

　通常，バイトテロを直接目撃することは稀である。実際は，バイトテロを行った従業員が撮影をしてネットに投稿して騒動になるという流れになる。したがって，バイトテロを企業が知るのは，ネットで話題になってしまった後である。この場合の対応としては以下のようなものである。

---

① ネット上での事実確認（どのような投稿があるか）
② ネット上での影響確認（どのようなメディアに掲載されているか）
③ 企業への影響確認
④ 職場での事実確認
⑤ 対処の検討とその実行

---

　①はいかなるネットトラブルにおいても共通するが，投稿を確認することが最重要である。実際には写真や動画になるだろうが，それから問題となる部署や人がわかることも多い。ここで確認するのは，バイトテロの実行者が投稿をした写真や動画はもちろんのことであるが，それについてのコメントや内容である。

　次に，②としてネット上の影響を確認する。具体的には，どのようなメディアに投稿されているかを確認するのが重要である。TwitterなどのSNSへの投稿，まとめサイトへの投稿，新聞社のサイトへの掲載，新聞への掲載，テレビでの報道という順番で影響力が大きくなっていく。また，Twitterであって

もリツイートの回数などでは，影響力が大きくなっていく。筆者の肌感覚であるが，もっともリツイートの多い投稿について，3日以内に，1,000回を超えなければ，さほど話題にならずに沈静化する可能性が高い。

　③は，問い合わせがどれくらい来ているか，業績に影響が出ていないかである。いずれも加害者へ責任追及する場合にその資料になるので事情は把握しておきたい。証拠化のために，報告書を作らせることも効果的である。なお，証拠になる報告書といっても，何か特定の様式でなければならないなど，決まっているわけではなく，いつ，どこで，何があったのか，作成者はどのようにして知ったのか，文書の作成日もわかれば，必要にして十分である。もちろん，詳細であればあるほど証拠価値は上がる。

　④は要するに，誰がどこで何をしたのかを調べることである。バイトテロにおいては，行為者がわかるようなわかりやすいものもある一方で，どこでやっているのか，誰がやっているのかわからないようにしているものも多い。特にバイトテロが頻出するのは飲食店であるが，店舗が多数あると途端に特定が難しくなる。ただし，写っている背景，人が写っていれば人数からある程度絞込みができる。店舗，事業所の数が多ければ多いほど特定は難しいが，それらの数が多いということは従業員も多いということである。したがって，全従業員へ問題の写真を回覧させるなどすれば，「あれ，これはうちの店かも？」と，気がつくことも多いと思われる。なお，問題の画像や動画を回覧させることで流出などのリスクを心配されるかもしれない。しかし，このようにバイトテロが起きている時点で，それらの画像等はネットに十分に広まっているので，ほとんどのケースでは杞憂であろう。

　また，行為者の特定のために意外と役に立つのが，ネットの「反響」である。バイトテロには，他の企業に対するネット上の表現トラブルと決定的に異なる点がある。企業に対するネット上の表現トラブルは，労働環境に対するものであれ，商品やサービスに対するものであれ，それに対して否定的な表現がされるなど，中傷が問題になる。その投稿は，企業にとって何の役にも立たず，投稿者も閲覧者も企業つまり当方に対して敵意をもっていることが通常である。

一方でバイトテロは，投稿者はその実行者に対して敵意を抱く一方，企業については管理や教育がずさんであるなどと指摘することはあっても，実行者に対するほどの強い敵意をもたない。むしろ，被害者として「も」扱ってもらえる。したがって，その実行者を特定するために，飲食店であれば店舗の特定などを行ってネット上に積極的に投稿している者がいることも珍しくない。

このような者に直接コンタクトを取って教えてもらうのは別に炎上するリスクがあるが，公にされている投稿を読むだけに留めて，行為者に近づく手法は有用である。ネット上にはわずかな情報の断片から物事を特定する「名探偵」が大勢いるのである。

(4)　バイトテロにおける第三者への対処

バイトテロへの対処は，顧客を含む「世間」つまりは第三者への対処と，加害者への対処の2つに分けることができる。

まず，「世間」に対しては，第3章の7でも触れたように，ひとまずは説明をすべきである。

ただし，誹謗中傷と違って，たとえば飲食店で不衛生行為があれば，企業は被害者だけではなく，顧客に対しては加害者という立場にもなる。そこで，以下の各点も考慮されたい。

①　不適切行為があったことと，その内容を具体的に説明する

事件によっては，話に尾ひれがつくことも多いからである。なお，誹謗中傷と異なり，問題になる事件は，具体的なバイトテロ行為として特定されている。したがって，抽象的に説明する必要はなく，むしろ，不安を取り除くためにも具体的に説明すべきである。十分な調査の上であれば，以下②のとおり他に不衛生，不適切な行為は確認できなかったと説明してもよい。

②　①以外の行為は確認できていないこと，虚偽の情報があれば，それに触れる

具体的な行為を記載した上で，それ以外は確認できていないことを示す。繰

り返しになるが，バイトテロには尾ひれがつきやすい。その不適切行為で一般消費者つまり一般人が被害に遭う可能性があるためである。自分が被害に遭うかもしれないと思うと，人は不安になるし，感情的にもなる。そのため，他にもひどいことがあるのではないかと，話にどんどん尾ひれがつきやすい。大災害の際に，流言飛語が発生するのと同じような話である。

　バイトテロの事実は認めるとしても，それ以上のデマは，認める必要はない。そこで，虚偽の情報がある場合には，そのような事実は確認できていないことを説明する。なお，この時点で法的措置を予告するかどうかは，バイトテロにおいては，企業は被害者であり，同時に加害者としての側面もあるため，得策ではない。ただし，あまりに執拗なデマがあれば，予告することもやむを得ないだろう。

③　加害者への対処について触れる

　繰り返しになるがバイトテロは，企業だけではなくて，一般消費者も被害者となる。特に，食品衛生関係，飲食店における不適切行為は，消費者の反応が激しい。自分の口にするものが不衛生なものではないか，そのような不安が強く，その不安を与えた者は許せないという感情を多くの者がもつ。

　したがって，加害者への責任追及は，世間の支持を得られやすい。逆に，これが不十分，手ぬるいと感じられてしまうと，企業に非難の矛先が向かってしまう。そこで，加害者への対処，調査しているのであればそのとおり，加害者が特定できていればその旨を説明し，さらに責任追及をすることを述べることになる。具体的には，賠償請求をすること，その賠償請求の内訳（たとえば休業損害などの費目）他，警察などに被害届を出すならその旨を発表することになる。

(5)　バイトテロにおける加害者への対処

　バイトテロにおいて加害者対応は重要である。通常，ネット上の表現トラブルでは，企業が被害者の場合でも，その損害の立証は難しいことが多い。実際

にその投稿を読んでどれくらいの顧客が離れてしまったなどは，誰にもわからないからである。そして，被害の立証責任は被害者にあり，「何となくこれくらいの損害がある」という程度では全く足りない。そのため，ネット上の表現トラブルにおいては，通常は，問題の投稿の削除に留め，悪質性が高い場合，再度の投稿を防ぎたい場合にのみ加害者を突き止める。発信者情報開示請求をして，加害者を特定した場合でも，賠償金額はある程度譲歩をした（場合により放棄をした）上で，解決するケースが多い。

　一方でバイトテロにおいては，被害額が算定しやすく，証明もしやすい。飲食店で調理器具を不衛生に利用するなどした場合，その点検と清掃のために休業をしたのであれば，売上額から休業損害を算定することもさほど難しいものではない。加えて，バイトテロの被害者は企業だけではない。消費者向けの事業であれば，消費者も被害者である。そのため，消費者からすれば，自分たちも被害者であるのに加害者に対する責任追及が手ぬるいと感じると，企業に対しても不満を抱く可能性が高い。したがって，加害者は発見次第，速やかに責任追及をすべきである。労働契約上の措置（懲戒）の他，賠償請求をすべきであり，休業損害などがあればそれらも請求すべきだろう。

　以上はネット上の表現トラブルとやや離れるが，ネットとの関係で重要なのは，「限定的な守秘条項」「画像等の適切な処分」「ネット上に投稿された場合の協力義務等」の３つも同時に合意すべきであるという点である。

　まず，守秘条項であるが，裁判外，あるいは裁判中でも判決前に和解により解決する場合には通常合意される事項である。加害者からバイトテロの内容について語られると，それ自体が二次被害であり，また，話が大きく創作されて広まるなどのリスクもある。もちろん，それ自体不法行為であるが，バイトテロそのものの被害ではなくて，バイトテロの実行からしばらく時間が経ち，「実は……であった」という話は風評被害である。そうなると，被害額の算定は困難になる。一方で，加害者は他ならぬ当事者だから信用されやすく被害も大きくなりがちである。

　また，金額において相当に譲歩して和解をした場合，そのような金額が知ら

れることは，間違ったメッセージを送りかねない。アルバイトをはじめとする従業員に「なんだ，その程度で済むのか」と思われるし，社会に対しては「あれだけのことをしておいてこの金額で手打ちにするとは何事だ」などと反感をもたれかねない。万が一，バイトテロの被害に再度遭った場合，少ない金額での和解が悪い前例として用いられてしまうリスクもある。

したがって，和解にあたって守秘条項を定めるべきである。ただし，企業側としては，解決した場合にその旨の発表を行う必要がある。そのとき，一切について制限なく秘密にすると，解決についての詳細などを公表する場合の支障になる可能性があり留意されたい。そこで，たとえば，「双方は本件について一切を秘密にする。ただし，企業が本件の解決について，加害者の氏名・住所を明らかにしない範囲で公表等をすることを除く」というような条項の設定が考えられる。要するに，加害者側は一切を秘密にする義務はあるが，企業側はそうではなく，ただし，加害者としても自分のことは秘密にしておきたいので，自分を特定できない形であれば，企業側のほうで事件について公にしてもよいということである。

次に，バイトテロは，問題行動の画像や動画を撮影して，ネットに掲載することで行われる。このときの画像等が残っているのであれば，適切な処分について定めるべきである。具体的には，加害者側の手元からすべて削除するように定める。加害者が2度と同じことができないようにするためである。

また，意外と見落としがちであるが，問題の画像等について著作権の譲渡を受け，著作人格権を行使しないという条項も入れるべきである。このようにして，企業はバイトテロに使われた画像等の著作権を保有することになり，今後，同様の画像等がネットに投稿された場合，著作権侵害を理由に削除請求や発信者情報開示請求をすることができる。著作権を理由とする削除請求等は，名誉毀損等と異なり，比較的客観的に判断できるので，認められやすい。したがって，削除請求等の有力な武器として，著作権の譲渡は受けておくべきである。

なお，著作権の譲渡を受けていても，バイトテロの事実は社会の正当な関心事であり，かつ，画像等はバイトテロという事件の内容を構成するものなので，

著作権法の例外として，権利主張ができない可能性もある（著作権法41条）。この点について裁判例は見当たらないが，少なくとも著作権を有していて損をすることはないから，やはり譲渡を受けておくべきだろう。

　最後に「協力義務」については，具体的には，事案の解明のため，企業側の聴取に応じる義務や，情報提供をする義務である。想定しているケースとしては，和解後に，事件が発生した原因や再発防止策などを検証する際に，事件の内容や手口などを加害者に確認する必要が生じる場合がある。そのような場合に，企業への協力義務を定めるという趣旨である。

　特にB to C企業におけるバイトテロに対して消費者が抱く不安は相当高度なものである。それを解消し，清算するためには，事後対処が重要である。そして，事後対処で大事なのは正確な事案の把握であるが，それを誰よりも知っているのは，他ならぬ加害者本人である。したがって，このような条項を定めておくことは調査のためにも非常に重要である。

＊　　＊　　＊

　これらの条項は大事なポイントである。バイトテロの場合，加害者に経済力がないことも多く，判決は絵に描いた餅になってしまうことも少なくない。そうであれば，実損が膨大であることを示し，その賠償額は実損額を下回る水準で譲歩しつつも，これらの条項を締結することにはこだわるべきである。

5　転職情報サイトに「ブラック企業」等と投稿されたケース

(1)　企業のネットトラブルにおける最重要トピック

企業が一方当事者のネット上の表現トラブルの相談において，多くの割合を占めるのが，転職情報サイトに関するトラブルである。企業から書き込まれたという相談はもちろん，個人から書き込んでしまったことについて責任追及されているという相談もある。

この問題が重要なのは，企業側の被害が非常に大きいこと，また，削除請求や発信者情報開示請求が認められにくいためである。

また，この種の案件がうまく解決できるかどうかは，事前と事後の対応も重要である。

(2)　企業側の被害が大きくなる理由

企業にとって良い人材を採用することは，人手不足が叫ばれる昨今では，特に重大事である。

最近は転職を行うことも一般的になり，それに伴い多数の「転職情報サイト」が運営されている。これらのサイトは，企業の労働環境等について，その（元）従業員が情報提供し，転職希望者がその企業に就職するかどうかを検討する材料にできるという仕組みである。一見すると，いわゆる口コミ，グルメサイトと同じようにも思えるが，転職情報サイトは，これらのサイトよりはるかに大きな影響力をもっている。

まず，基本的に登録制であるということ，また，単に自由記入欄が1つあり，自由に書くというだけではなく，良いところも悪いところも書くようにと，細かく記載欄が設定されて指示もあることが多い。さらに，待遇，労働時間，成長性，やりがいなど，複数項目の「採点欄」が用意されていることが通常である。これらの指示に従って投稿をするだけで，その企業についてそれなりに詳

細なレビューが完成するようになっている。したがって，通常のグルメサイトなどの口コミサイトなどよりも，はるかにレビューは詳細で質が高い。

　また，「登録」をしなければ，投稿も閲覧も制限されるためグルメサイトと異なるが，転職という人生の一大事については，登録の手間暇は惜しまれないし，閲覧者は隅から隅まで読むことが多い。そのため，真偽は別として，そもそも情報が詳細であり信用されやすく，「転職先の生の声」を得るには他のメディアはあまりないから，影響力は非常に大きい。

　さらに，転職情報サイトによっては自分が転職情報（口コミ）を閲覧するために，自分自身も今の勤務先について投稿をしなければならない仕組みを採用しているものもある。現在勤務している者からの口コミは，そこに転職しようとしている者にとっては貴重であるので，合理的な仕組みであり，それだけに信用されやすい。しかも，転職情報サイトを閲覧する者というのは，今の勤務先から転職つまり勤務先を変えたいから閲覧しているのであるから，多かれ少なかれ，今の勤務先には不満があるということになる。そのため，もちろん肯定的なことも投稿するだろうが（転職情報サイトにおいては，良いところも悪いところも投稿するように指示しているところが多いため），否定的なことも投稿することになる。

　加えて，転職情報サイトが登録制であるということは，社名で検索しても発見しづらく，また，その内容について，転職希望者以外が触れることも少ない。通常の炎上であれば，誰しもが知るところになるので，どのような内容が投稿されているのか，すぐに把握できる。しかし，転職情報サイトにおけるネガティブな投稿については，登録しないと閲覧できないため，そもそも存在すら気がつかずに被害を受けているということになる。

　以上をまとめると，転職情報サイトにおいては，以下のような事情があり，企業への悪影響が大きくなりがちである。

---

① 　人材採用という企業にとっての重大事に影響を与える。

② 転職においては，転職希望者にとっての有力な情報ソースが乏しいため，転職情報サイトに情報が集中し，転職希望者も依存してしまいやすい。

③ 転職情報サイトの質問の仕方が工夫されており，通常の口コミよりも詳細で臨場感がある，そして信用されやすい投稿がされやすい。

④ 転職情報サイトの仕組みとして，登録必須，あるいは現在の勤務先についての情報を求める仕組みになっているところもあり，情報が集まりやすい。

⑤ 転職希望者が，現在の職場について投稿をするので，基本的に否定的な投稿が集まりやすい。

⑥ 転職情報サイトは登録制であることが多いので，発見しづらく，知らないうちに被害を受けている。

　企業のネットトラブルのなかでも，悪影響は大きく，被害に気がつきにくいので，非常に厄介な部類のトラブルである。

(3)　削除請求や発信者情報開示請求も困難であることが多い

　さらに輪をかけて厄介な事情は，削除請求や発信者情報開示請求が認められにくいことである。

　まず，投稿内容については，そもそも転職情報サイトが項目別に質問をする，採点させるなど，投稿にあたっての「ガイド」が豊富に用意されているので，「犯罪会社」「ブラック会社の典型」など，そのような一言の悪口にはならない。良いところも悪いところも情報提供をするという体裁になっており，転職という人生の一大事に関する情報を掲載しているため公共の利害に関係し，公益を図る目的があると認定されやすい。

　実際に，近時の高裁裁判例として，東京高判平30.5.24 D1-Law.com では，残業代不払いなどの問題があるとの投稿について「控訴人における勤怠管理と残業手当の不払いという，企業のコンプライアンス上の課題として現代社会で重要な問題となっている点を具体的に指摘するもの」と判断している。その上で「本件記事が公共の利害に関する事実に係り，かつ，その目的が専ら公益を図ることにあることは優に認められる」と判断し，投稿が真実でないことの証

明もないとして，発信者情報開示請求を棄却している。

　散々繰り返してきたとおり，削除請求や賠償請求については真実性の証明責任は原則投稿者にあるが，発信者情報開示請求については，請求者側，つまり企業側にある。そして，このとき証明しなければならないことは，悪評を投稿された場合，そのような悪い事実がないということである。これは相当に困難であり，たとえば，「セクハラがある」という事実を証明するのであれば，１件でもよいから，その１つだけを証明すればよいが，「ない」という証明になると，あの人もこの人もセクハラはしていない，会社全体としてセクハラが発生していない，少なくとも，そう信じられるような体制が整えられていることを証明する必要がある。これは当然に容易ではない。

　また，なかには，社内環境や空気が悪い，上司が恫喝的，人事評価が情実で決められているなど，非常に主観的であり，反論することが困難な内容であることも少なくない。

　さらに，削除請求は真実性の証明責任はないといえども，そもそも「悪口であっても」名誉権侵害が認められない裁判例もある。

　加えて，繰り返し指摘したが，発信者情報開示請求をした場合には，投稿者にその通知がいくことになり，これ自体が炎上の原因になりかねない。つまり，正当な評価であるのに，法的な恫喝をして口を封じようとしている，あるいは，真実であるから発信者情報開示請求をしてきたなどという非難を受けることになる。より問題になるのは，発信者情報開示請求が認められなかった場合，特に裁判までやって請求棄却になった場合には，それが投稿者に知られることになり，「やはりこの会社のこの悪評は真実だったのだ。それどころか，それをもみ消そうとして失敗した」「裁判で適法と判断されたのだから，この投稿は繰り返しても大丈夫だ」ということになりかねない。

　転職情報サイトに悪評を投稿された場合，他のケースよりもより注意する必要があるといえる。

⑷　実際の対処法

　実際の対処法について，投稿の類型別に，近時の裁判例の傾向も踏まえて解説する。

　まず，ネット上の表現トラブルに共通することであるが，投稿内容を精査する必要がある。この種の投稿を類型化すると，以下のように分類できる。

---

　①　職場のよくある抽象的な不満，人事評価や人間関係，「空気」など
　②　ある程度客観的に判断できる労働環境上の違法行為。たとえば，サービス残業（残業代不払い），根拠のない懲戒処分，従業員への理由のない賠償請求など
　③　会社が犯罪をしているとの投稿。たとえば，粉飾決算，偽ブランド品の販売，あるいは，従業員に対する暴行や脅迫など
　④　会社の代表者をはじめとする役員に対する中傷。たとえば，社長がパワハラやセクハラをしている，反社会的勢力の構成員であるなど

---

　①は一番多い類型である。要するに，どのような職場であっても，人間関係の問題，人間同士の相性の問題はあり，このような不満が出るのは避けがたい。

　裁判所はこのような投稿について，権利侵害の明白性が認められるか否かに関し，非常に消極的な態度をとっている。裁判例のなかには，以下のように判示したものがある。これは会社に対する「家族経営の典型的なワンマン主義」「口先で都合のいいことばかり言い，肝心なトラブル対応のフォローや行動はまったくありません」「その日の機嫌で言うことがよく変わり，急に怒り出したりし社員を振り回します」「出産をしたら正社員ではなく，もし続けるのであれば，パート勤務になることが前提にあります」というような表現について判断したものである。それによると「記載された批判的な見方，評価の内容及び表現方法も，原告が犯罪を行っているといった類の事実を想起させるような劣悪なものではなく，原告代表者が思いつきで従業員を振り回す，思いどおりにならないと従業員に当たり散らす，口先で都合の良いことは言うが行動が

伴っていない，出産，育児と仕事の両立につき理解がないといった，従業員が上司に対して感じる不平，不満として，一般的に見られる程度の内容である」（東京地判平28.11.24 D1-Law.com。なお控訴後棄却）として，権利侵害の明白性を否定している。

　要するに，否定的な表現であれば直ちに権利侵害の明白性が認められるというわけではない。どこの職場にでもありそうな一般的な不満である場合には，会社の社会的評価を低下させることが明白であるとまではいえないという判断である。

　前記裁判例のケースでは，投稿数は多く，非常に否定度合いも強いが，主観的な意見であったり，具体性に乏しかったり，あるいは，会社の違法ないし犯罪に当たるものではなく，「悪い行為」を指摘するだけである。これを重視して権利侵害の明白性が否定されたものと思われる。企業側，特に経営陣や採用担当者は，前記の結論に非常に不快であり，納得できないという考えもあろう。しかしながら，前記の裁判例は，高裁でも是認されており，加えて発信者情報開示請求が棄却された場合のリスクはこれまで繰り返し述べてきたとおりであるため，安易に提訴に及ぶべきではない。

　一方で，②については一般に発信者情報開示請求は認容される傾向にある。前記の裁判例も，犯罪に該当するような行為をしているとの表現であれば，発信者情報開示請求を認容する余地もあるということを述べている。ただし，記載の内容について真実に反するとの証明が必要である。

　東京地判平28.4.26は，「残業代の未払い，残業の強要」「日付が変わるまでサービス残業の毎日だった」「残業代は出ない」という表現について，「タイムレコーダーを利用して，これに従って残業代を支払っていることが認められること」として，真実に反し，違法性は阻却されないとして権利侵害の明白性を認めて発信者情報開示請求を認容している。また，同事件では，従業員を追い込んで解雇するなど，企業の労働環境が非常に劣悪であることを指摘する投稿もなされていたが，判決は「原告においては，従業員に向けられたセミナーや各種研修を行い，営業の業務についてもマニュアルが作成されていること」を

指摘して，真実ではないと認定して発信者情報開示請求を認容している。

　要するに，残業代不払いや違法な労務管理など，違法ないし犯罪に該当するような事実の記載があれば，発信者情報開示請求は認められ得るということになる。ただし，それだけでは足りず，それが真実ではないことについて，証拠が必要である。

　もっとも同事件においては，投稿されている従業員を追い込むなどの諸事情について，個別に不存在を立証したわけではない。また，実際問題としてそのようなことは不可能である。そこで，この事件においては，前記で引用したように，すなわち，セミナーや各種研修を行っている，マニュアルがあるということが重要視されている。

　したがって，ネガティブな情報については，裁判所もすべて存在しないというような無茶な立証を求めるのではなく，おおむね，そのような事実の存在がうかがわれない程度の，いわば状況証拠からの証明でよいと考えていると理解できる。そのため，企業側からすれば，実際に「ブラック企業」などと言われるような行為をしないことはもちろん重要であるが，それと同じくらい，そのような行為がないことの材料，たとえば平時の研修や体制の整備が重要になるといえよう。

　ハラスメントの問題とサービス残業の問題は，転職情報サイトで頻出である。また，他の匿名掲示板においてもよくみられる中傷である。したがって，企業としては，少なくともタイムカードの整備やハラスメント防止セミナーの実施は必須であり，その実行記録も残しておくことが肝要であるといえよう。

　②の投稿は，以上のような証明，証拠が用意できるのであれば，発信者情報開示請求に踏み切ることを検討すべきである。ただし，仮に敗訴してしまうと，サービス残業が裁判所に認定されたともとられるので，慎重を期すべきであることには間違いない。

　③の投稿は，②以上に発信者情報の開示が認められやすい。

　また，犯罪をしていないことの証明について，直接的な証明は要求されない。実際には，犯罪事実のみが記載されるのではなく，②のような事情と並列して

投稿されるケースが多い。もっとも，発信者情報開示請求は，投稿文章中の一部でも権利侵害が明白であれば認容されるため，犯罪事実の指摘があれば，むしろ企業側にとっては好都合である。

　基本的には，③の投稿については，発信者情報開示請求を行う方向で検討すべきだろう。もっとも，犯罪をしているという投稿については，一見して信用性が低く，悪影響もさほど高くないケースもある。少し冷静な目で投稿を読んでみて，対外的に信用性が低そうであれば，悪影響はないとして放置するという選択肢もある。この種の事件に限らないが，特にネット上の表現トラブルは，被害者の被害感情が厳しくなりがちである。個人が被害者の場合はそれもやむを得ないが，企業として被害に遭っている場合は，特に法務担当者としては，どのような選択肢が総合的に企業のためになるのか，冷静な目で見ることが重要である。

　④の投稿も，③とおおむね同じことがいえる。

　ただし，注意が必要なのは，この場合の被害者の問題である。役員に対する個人攻撃であれば，会社が被害者とはいえない場合もある。代表者について誹謗中傷をされたからといって，企業の評判が低下するとは限らないからである。もちろん，代表者について悪評があるのであれば，会社の評価にも影響があると考えるのが自然な考えだろう。ただし，実際にはその影響は相当に間接的であるし，少なくとも裁判所は「権利が侵害されたことが明白である」とまでは，なかなか認めない傾向にある。

　会社に対する中傷と同時に代表者に対しても同様に，あるいはそれよりも過激な表現で中傷する投稿が散見されるが，このような投稿には，会社と代表者を混同することなく，代表者への個人攻撃であれば，代表者から発信者情報開示請求をすべきである。

(5)　事前と事後の心得

　以上で解説したように，転職情報サイトの問題は，影響が大きい割には対処が難しい。特に，サービス残業その他の企業の労働環境への誹謗中傷について

は，そのような問題のある，悪い事実が「ない」ことの証明を求められる。これは，企業にとって相当に不利であり，仮に敗訴して，その事実がネットに広まると，実際はそのような不名誉な事実が存在しないことの証明に失敗しただけであるにもかかわらず，裁判所が問題の事実を認めたかのように話が流布されてしまう。

　このように，この問題はなかなか放置ができない割には，解消することが難しく，しかも失敗した場合のリスクが高い。しかしながら，紹介した裁判例が指摘するように，問題のある事実，たとえばハラスメントなどの事実については，存在しないことの厳密な証明が必ずしも求められるわけではない。そのような事実がおおむね存在しないことをうかがわせる事情，そのような事実の発生を防止する十分な方策があれば，それで足りると判断している。たとえば，タイムカードの整備やハラスメント等の防止研修の実施などが，不名誉な事実が「存在しない」ことの証明になる。このような対処は，投稿がされた「後」に相談をもちかけられた弁護士には実施できない。また，実際に対処していたとしても，弁護士がそれを利用することを思いつかない可能性もある。また，不幸にも，そのような準備をしておらず，発信者情報開示請求を断念せざるを得ない場合でも，不足していた対処を事後にするように指導することが必要である。このような指導は，弁護士には期待できないことも多い。

　そこで，企業の法務担当者としては，これらの点に対する事前と事後の対処を十分にすることが重要であり，転職情報サイトのケースにおいては，まさにこれが十分であるかどうかが，命運を分けるといえる。ついては，平時のコンプライアンスの観点だけでなく，この手のネット上の表現トラブルへの対処準備も意識して，以下のような対応を励行することを勧めたい。

　まず，転職情報サイトによく掲載されるのは，サービス残業や長時間労働に関する不満である。この点は，労働者も一番気にしているため，タイムカードを整備する，打刻を徹底するなどは基本的であるが，絶対に励行すべきである。そもそも，これらの体制が整備されていないと，高額な残業代請求を受けることになりかねない。その対応のための弁護士費用や付加金（労働基準法114条

により，裁判になった場合は残業代については最大同額，つまり合計で倍額の請求を受けることになる）を考えれば，コストを費やしても管理をするメリットはある。

また，ハラスメント関係については，前記の裁判例で指摘されているとおり，研修の実施やマニュアルの整備が有効である。もちろん，漠然と実施するだけではなくて，その研修の企画から実施まで，企画書や報告書を作っておくことが重要である。裁判所は，このように通常の業務の過程で作成した書面に高い信用を置いてくれる。さらに，受講者からごく簡単でも「報告」を求めて書類に留めておけば，さらに有効であろう。

転職情報サイトへの誹謗中傷の投稿は非常に悩ましいが，実は，企業のコンプライアンス体制の「採点」にもなり，合格点をとれれば無事に投稿は削除され，投稿者を特定することもできる。ただし，たとえ合格点がとれなくても，どこが問題だったのか，つまり，どのような不名誉な事実について存在しないことの証明ができなかったのか，見直すことはできる。適切に見直すことができれば，次につなげる（つまり同様の投稿について発信者情報開示請求を認めてもらえる）ことも可能である。

6　従業員が顧客の情報や悪口を投稿したケース

　これまではもっぱら企業側が被害者になるケースを想定して解説してきたが，企業が加害者になるケースもある。企業が加害者になるといっても，たとえば組織的に競合他社の悪口をネットに投稿するわけではない。従業員が業務に関連して違法な投稿をしてしまうケースである。

　典型的には，たとえば飲食店に著名人が来店したので，その写真やレシートを撮影してアップロードするなどである。また，接客業で，態度の悪い顧客について撮影をしてそれを投稿する，個人情報を公開するなどもこの類型である。特に企業へのコンプライアンス意識が不十分な若年のアルバイト従業員がこのような行為に及ぶケースが多いようである。これは「バイトテロ」のケースと類似している。もっとも，バイトテロと異なるのは，バイトテロの被害者は企業と抽象的な顧客全体であり，被害者を個人として特定できないが，このケースでは，具体的な個人的被害者が想定できるという点である。

　したがって，バイトテロほど炎上，つまり話題になることは少ない。その意味で，バイトテロよりは被害が少ないが，具体的な個人の被害者がいるため，被害者との関係で被害弁償をどうすべきかという問題がある。

(1)　従業員が顧客について違法な投稿をした場合の法律関係

　このようなケースの法律関係については，通常の業務上の不法行為と同じような扱いとなる。会社の従業員が業務上，第三者に被害を与えた場合の会社の責任については，以下のような定めがある。

【民法715条1項】
　ある事業のために他人を使用する者は，被用者がその事業の執行について第三者に加えた損害を賠償する責任を負う。ただし，使用者が被用者の選任及びその

> 事業の監督について相当の注意をしたとき，又は相当の注意をしても損害が生ず
> べきであったときは，この限りでない。

　要するに，原則として，会社が責任を負担するということである。

　なお，会社が責任を負担するが，従業員個人も責任を免れるわけではない。被害者に対しては，どちらも連帯して責任を負うことになる。これを連帯債務というが，被害者は，会社と従業員個人，どちらに対しても被害額の全額を請求することができる（もちろん，受けとれるのは被害額に限定されるので倍の賠償金を得られるわけではない）。実際は，ネットの事件に限らないが，経済力がある，連絡がとれる，という理由から，会社に対して賠償請求されることが多い。そのため，実際に支払うのも従業員個人ではなく，会社ということになる。

　なお，「ただし，使用者が被用者の選任及びその事業の監督について相当の注意をしたとき，又は相当の注意をしても損害が生ずべきであったときは，この限りでない」という定めがあり，相当な注意をすれば会社は責任を免れるかのようにも読める。しかし，実際にこの条項により免責されることは稀である。たとえば，「被告会社はセクハラを防止するための対策は講じていた旨主張している。確かに，被告会社は，セクハラの防止に努めるように，管理職に対して書面を交付し，従業員に対して社内報を交付するなどしていたものの，それをもって選任及び監督について相当の注意をしたものということはできないから，被告会社は免責されないというべきである」（東京地判平18.6.26 判タ1240号273頁）とされた事案がある。基本的に免責されることは稀であると考えてよい。

　さて，会社としては，賠償金を払った場合，加害者である従業員個人に対して，肩代わりした賠償金の負担を求めることができる。これを求償という。

> 【民法715条3項】
> 　前二項の規定は，使用者又は監督者から被用者に対する求償権の行使を妨げない。

　要するに，加害者は従業員個人であるのだから，会社の支払は肩代わりであって，本来負担すべき従業員個人に請求できるということである。

　もっとも，この求償の範囲については，制限されると解されている。これは，報償責任といわれる考え方であるが，会社は従業員の労働により利益を上げているから，従業員によって生じた損害も負担をすべきという考えである。裁判例のなかには，赤字経営の零細企業であっても，適切なリスク管理や予防策がなかったとして，すでに4分の1を支払った従業員への求償を否定した（つまり，従業員の負担は全体の4分の1までとした）事例がある（福岡高判平13.12.6　労判825号72頁）。もっとも，ネット上の違法な投稿の場合，過失ではなくて故意の行為であるので，求償が大きく制限されることはないと思われる。ただし，従業員に対する，顧客のプライバシー保護等に関する教育指導が不十分であれば，求償権が制限される事情になる可能性もある。

(2)　被害者への対応

　通常の従業員が不法行為をしたケースと同様の対応となる。

　ネット上の表現トラブルの場合は，対外的に公表することが有効であると解説してきたが，このケースのように具体的な個人の被害者がいる場合は控えるべきである。被害者自身が，公になることを望まないことも多いためである。

　被害者に対しては，他の事案と同様に，真摯に，事情の説明，賠償に応じることを説明して理解を得るように努めるべきである。

　ネット上の表現トラブルの賠償金額であるが，交通事故における「赤い本」のように，入通院1日いくらなど，そのような基準，相場が存在しない。裁判基準だとおおむね1つの投稿で10万円程度に収まることもあり得る。ネット上の誹謗中傷に対する慰謝料相場は，特に弁護士費用の点も踏まえると，被害者があまり納得のいかない金額になることが多い。たとえば，東京地判平28.9.2　D1-Law.com は，ある女性に対し，ブス，風俗嬢，メンヘラ（精神疾患があるというネット上のスラングである）などという中傷や，さらに，原告の氏名や顔写真の掲載されたウェブサイトへの手がかりを，多数回にわたり

投稿したというものであり，原告は，開示に要した弁護士費用60万円あまりを含む合計330万円を請求したが，認容された金額は39万円であった。

この投稿は，性的な誹謗中傷であり，顔写真や実名などと結びついているため，ネット上の誹謗中傷の案件のなかでは，相当に強度なものであると思われ，件数も多い。しかし，実際に認められた金額は前記のとおりであり，開示に使った弁護士費用の半分程度しか回収できていない。さらに，弁護士費用60万円あまりというのは，発信者情報開示請求に使った弁護士費用であり，賠償請求のための弁護士費用はまた別であると思われるので，実際は「赤字」になった可能性が高い案件といえる。

また，個人情報がエステティックサロンから流出したという事例について，東京高判平19.8.28 判タ1264号299頁は，１人当たり３万円の慰謝料を認めている。弁護士を利用した場合は，被害者は赤字になる可能性が非常に高いといえる。

したがって，被害者との賠償金額についての交渉は，非常に悩ましい。企業として，裁判所が認めるだろう金額は，支払に理由がある，正当な金額であるといえ，これに足りないのであれば，被害者に対する賠償として不十分といえる。ただし，逆に高ければよいという問題でもなく，企業として必要を超える，つまり法的に理由のない金銭を支払うのもコンプライアンス上問題があるといえよう。もっとも，法的理由のある，つまり裁判所が認めるだろう金額は，前記のような水準にとどまっており，被害者が納得するとは言い難い。

レピュテーションリスクを無視すれば，裁判になっても赤字になるにすぎないから，裁判で予想される低い金額を提示して，合意できないのであれば訴訟提起をしてもらい，それで決まった金額を粛々と支払うというのが経済的に合理的である。また，そのような実情を被害者が理解すれば，「泣き寝入り」つまり，賠償金０円という解決も十分にあり得る。ただし，さすがにこのような対応は，社会的に強い非難を浴びる，それが原因で企業に対する中傷がなされるリスク，つまりは炎上リスクもあるので現実的ではない。

そこで，交渉のスタンスとしては，裁判上は十分な金額にならないことも案

内しつつ，たとえば，個人情報流出のケースでは，過去に東京高裁が3万円の慰謝料を認めているが，迷惑をかけたことや，企業としての誠意を示すために，3万円よりは増額した金額を提案することが相当であろう。

　なお，裁判で予想される金額より増額することは，企業として法的に理由のない金銭を払うことになり，それは問題ではないか，という指摘がある。たしかにこれはそのとおりだが，一方で裁判で争うことになれば，弁護士費用や種々のコストがかかることになる。そのため，弁護士費用を払うより被害者に払うほうがよいということで，合理的な説明はつくし，問題はないと思われる。

　もっとも，個人情報流出のケースだと，被害者が多数になる場合もある。そのため，金額も大きくなるリスクもあり，そのようなケースでは，以上の裁判基準どおり3万円で提案するのもやむを得ないだろう。

(3)　従業員への対応

　被害者に弁済をした場合，次に問題の行為をした従業員に求償することになる。求償の範囲については制限される可能性もあることは，すでに説明したとおりである。しかし，故意の行為であれば，基本的に制限される可能性も低いだろう。また，身元保証法上，制限される可能性も高いが，身元保証人がいるのであれば，そちらへの請求も検討されたい。実際には，直ちに身元保証人に請求するというより，従業員に対して，請求に応じないのであればやむを得ず身元保証人への請求も検討せざるを得ないと伝えることで交渉材料にすることが有効である。ただし，身元保証人への請求は制限されることも多いので，当然に身元保証人が全額負担するかのような欺瞞的な言動は避けるべきである。

　あわせて，従業員がまだ在職している場合は，懲戒処分も検討することになる。懲戒処分には，原則として就業規則上の根拠が必要である。まだ先例も少なく，裁判までもつれるケースも見当たらないが，普通解雇にしろ，懲戒解雇にしろ，よほどでない限り，解雇処分については慎重になるべきである。ただし，譴責などであれば，基本的に有効である可能性が高いであろう。裁判所の傾向としては，従業員の過失行為について寛大である一方，故意の非違行為に

ついては，それなりに厳しい目で見ているからである。

　就業規則のなかに，インターネットにおける不適切投稿を直接禁じる，懲戒対象にする定めがないとしても，基本的に懲戒は可能である。ほとんどの就業規則の場合，会社の名誉，信用を害する行為一般を懲戒事由にする定めがある。インターネット上に，顧客の個人情報を掲載する，あるいは顧客の中傷を投稿する行為は，会社の名誉や信用に被害を与える行為であることは明白なので，適用すべき懲戒事由で困ることはないはずである。

7 まとめサイト・ニュースサイトが相手であるケース

(1) 「まとめサイト」とは何か

まとめサイトは，キュレーションサイトなどとも呼ばれているが，インターネット上で話題になっている事項について，その情報をまとめて掲載しているサイトである。ニュースサイトのような形式を取っており，その時々の，特にネット上の面白い話題を1つのサイトで網羅することができる。また，その話題についてコメント欄が用意されており，読者の間で交流できるなどの機能を備えているものもある。類似のものに「トレンドブログ」と呼ばれるものもある。

まとめサイトそれぞれに「カラー」があり，その読者が喜びそうなニュース，あるいは，同じニュースでも，喜びそうな解釈をした上で，情報をまとめて掲載している。

これらの運営者は，大部分は個人であり，広告料や，そこに掲載された商品へのリンクからの購入があると発生する報酬（アフィリエイト報酬）で収入を得ている。

これらのサイトは，検索順位が上位になるように工夫されている，あるいは，その時々のまさに旬の情報，話題を掲載しており，アクセス数の多いものもある。まずは，まとめサイトで情報収集をするという人もおり，また，そのようなことを明示的に意識していなくても，検索順位が上になる関係上，知らないうちに自分の情報源がまとめサイト中心になっているということもあり得る。

(2) まとめサイトの問題点

このような「まとめサイト」の形式や方法，技術自体は，法的には何らの問題もない。むしろ，短時間に自分が興味関心のあるトピックを網羅できるなど，利便性も高い。

　しかしながら，これらのサイトは，あくまで「まとめた」だけであり，自ら取材などをしているケースは稀である。取材を行わないのであるから，自ら情報について責任をもってその真偽を確認したりはしない。そのため，なかには不正確な情報や，デマの類いがそのまま「まとめ」られているということもあり得る。

　また，デマだけではなく，無断で漫画やイラストなどが掲載され，それにより著作権侵害が発生しているケースも少なくない。最近は，それが法的紛争に発展することもある。たとえば，東京地判平30.9.13裁判所ウェブサイト掲載では，「主に他のウェブサイトに掲載されている文章や画像を転載する」ウェブサイトに，他人が著作権を有するイラストを掲載した行為について30万円の損害賠償が認められた。

　また，これらのサイトは広告収入で運営されているため，少しでも多くのアクセスを得られるように工夫されていることが多い。そのため，経済的合理性だけを考えれば，自然とタイトルは過激となり，実際には，「【衝撃】実は著名人Ａは○○だった！」「【炎上】Ｂ党の現役議員，○○発言で大問題！」「【悲報】Ｃ社の新製品○○，実は欠陥品で購入者大後悔！」など，扇情的なタイトルが並んでいるものが多い。インターネットに限らないが，けしからん，怖い，不安になる，ずるい，そのような感情を呼び起こす情報は，人を強く惹きつける。まとめサイトの立場からすれば，多くのアクセス数さえ集められればよい。そのため，長期的な評価，評判で気にしなければならないのは，面白いかどうかである。読者も，まとめサイトの情報を活用して役に立てるなどを目的にしている者は少なく，基本的には「面白ければよい」ということである。

　要するに，まとめサイトも読者も，正確性よりも面白さを大事にする。メディアが面白い内容を目指すこと自体は非難できないが，そのために正確性が犠牲になり，違法に他人の権利を侵害する内容になるとすれば，それは問題である。

　先に紹介をした著作権侵害の場合だけではなくて，名誉毀損が問題になることも多い。著名な事例では，特定の在日外国人に対して誹謗中傷の投稿を「ま

とめた」サイトに対して，200万円もの損害賠償が認められた（大阪高判平30.6.28 D1-Law.com）。

(3)　企業とまとめサイトの問題・対処法

　まとめサイトは通常，著名人，著名人でなくても公務員，有名企業勤務者などが標的にされやすい。有名人が，あるいは有名企業所属で地位も責任もある人がこのようなひどいことをしたのだという内容は閲覧者の目を引きやすいからである。

　逆に，企業の活動そのものがターゲットになることはさほど多くない。企業との関係で問題になるのは，従業員や役員への誹謗中傷がほとんどである。この場合の注意点は，前記5(4)で触れた。個人攻撃の場合には，それにより企業に損害が生じたとの立証が難しいことも多いため，従業員や役員を請求者（原告）とすべきである。

　ところが，数は少ないが，企業がターゲットになることもなくはない。たとえば，企業の広報用SNSアカウントが不謹慎な発言をした場合などである。実際にあった例としては，災害の最中に就活生への配慮に欠けるような発言（交通機関途絶の場合でも来社できないと受験ができないことをほのめかすもの）や，他社製品の価値が低いというような投稿などがある。企業の言動が原因で炎上した場合に，その違法性の主張は困難である。議論を呼ぶような発言をした以上，それについて取り上げることは社会の正当な関心事であろうし，発言そのものが存在することは真実であるので，名誉毀損になっても正当化される場合がある。そのため，まとめサイトで面白おかしく伝える程度では，違法性があるとはいえない。

　法的措置が可能なケースは，製品やサービスに関するデマである。特に高額な製品に欠陥がある，食品に異物が入っているなどというケースでは，まとめサイトにとっても「人気」のテーマである。これらはバイトテロの事案と同じく，読者からすると自分が被害に遭うかもしれないと，関心を引きやすいからである。また，そのような原因を作った企業に対しても「けしからん」と非難

が集中しやすい。これらの投稿は，真実であれば正当化される可能性があるが，虚偽であれば責任追及が可能である。また，仮に製品の欠陥や，異物混入は真実であっても，面白おかしく話に尾ひれがつくことは，特にまとめサイトでは頻繁に起こり得る。まとめサイトの場合であっても，基本的な対処法は他の場合と変わらない。コンテンツプロバイダは，掲示板サイトの場合と異なり，サーバのレンタル会社であるので，WHOISでよく確認して請求されるようにしたい。

(4)　まとめサイト特有の留意点

　まとめサイトへの対処法には，他のサイトと異なる特有の留意点もある。

　まとめサイトの特徴は大きく2つに分けることができ，具体的には，影響力が大きいことと，法的措置が比較的効果的なケースが多いことである。

　まず，影響力についてであるが，まとめサイトの影響力は，匿名掲示板サイトなどよりはるかに大きく，転職情報サイトに次ぐといえる。

　匿名掲示板の場合，雑多な投稿が多数あり，仮に「面白いデマ」が投稿され話題を呼んでも，読者がその情報にたどりつけるかは別問題である。すべての投稿は同じように扱われており，特別に話題を呼んだ投稿が目立つように配置されているわけでもない。また，投稿後一定時間が経過すると閲覧できなくなる，あるいは，過去の投稿であるため，掲示板の奥，画面の最下部に「沈んで」しまい，目立たなくなるという性質もある。

　一方で，まとめサイトの特徴は全く逆である。まとめサイトは，広告収入を目的に開設されているから，少しでも面白い投稿「だけ」を集めようとする。面白いデマが流れているときに，それは嘘であるなどと水を差すようなことも避ける。面白い投稿の文字を大きくしたり，色を変えたりしてわかりやすくまとめるという加工もされている。

　さらに，まとめサイトはすでに述べたとおり，検索順位が上に上がるように工夫を凝らしている。インターネットの検索順位は，注目される可能性を示しており，「順位が高い＝注目されている・されやすい」ため，悪影響も大きい。

　加えてまとめサイトは，古い投稿であっても，人気があったものはもちろん，人気がないものについても削除する，非表示にすることは基本的にあり得ない。つまり，一度記事を作られると永久に残るし，自社名で検索したときに目立つ順位で表示されるのであれば，それがずっと残り続けるという問題がある。まとめサイトが永久に投稿を残しておくのは，検索によるアクセスを期待するためである。滅多に検索結果からアクセスされない記事であっても，そのような記事がたくさんあれば，結果として安定的にアクセスが得られることになる。それは安定した広告収入につながるので，一度作った記事はずっと消さずに保存していくことになる。アクセスを集めて広告収入を得る方法としてもよく指南されている手法である。

　以上，要するに，まとめサイトは影響力が大きく，それは長期にわたり継続するため，誹謗中傷を投稿された企業からすれば非常に被害の大きいものになる。正確に計測できる性質のものではないが，損害，悪影響は，前記のとおり，転職情報サイトの例に次ぐものであると思われる。

　次に，まとめサイトに対しては比較的法的措置がとりやすいという特徴もある。

　通常，発信者情報開示請求により投稿者を特定するためには，たとえば匿名掲示板の場合，すでに述べたとおりコンテンツプロバイダである掲示板からIPアドレスと投稿時間を取得し，その後，そのIPアドレスを管理する経由プロバイダから契約者の氏名・住所を取得するという手順を取る必要がある。すなわち，裁判を2回繰り返すことになり，通常は多くの時間と費用がかかる。コンテンツプロバイダだけで済まないのは，掲示板が投稿場所を提供しているにすぎず，投稿について責任を負わないのが原則であるからである。

　しかし，まとめサイトの場合，掲示板とは異なり，すべての記事はまとめサイトの運営者の意思と責任で掲載されている（ただし，自由な投稿を許すコメント欄は別である）。そして，まとめサイトは，レンタルサーバ業者からまとめサイトを運営するサーバをレンタルしており，レンタルサーバ業者との間に契約がある。レンタルサーバ業者はコンテンツプロバイダに当たるので，コン

テンツプロバイダに対してのみ発信者情報開示請求をすれば，１回で直ちに運営者を特定することができる（手続については第３章の３参照）。

　さらに，通常，発信者情報開示請求について裁判外で応じるプロバイダは稀であるが，レンタルサーバ業者については，裁判外で応じる例もある。特に，著作権侵害については，裁判外で応じる例も増えているようである。また，発信者情報開示ではないが弁護士会照会（第３章の４(3)③参照）に応じるケースもある。まとめサイトの事例において，コンテンツプロバイダが裁判外で応じる可能性，特に著作権侵害の例についてはその傾向にあること，加えて弁護士会照会に応じる可能性については，弁護士も知らないことがある。そこで，外部の弁護士に依頼する場合は，念のため，その手法も検討されたい旨，伝えることが重要である。もし可能であれば，まとめサイトの運営者特定までのコストを大幅に削減することができる。

　さらにやや技巧的であるが，発信者情報開示請求において開示理由の他に，補足として「任意に発信者情報開示に応じれば，金銭賠償は請求しない」趣旨の記載をすることも有効である。これは発信者情報開示請求があった場合，それを受け取ったプロバイダは発信者に対して意見照会を行うことになっている。その際に，受け取った発信者情報開示請求書のコピーを渡すのが通例である。つまり，発信者情報開示請求書はまとめサイトの運営者の手に渡るわけであるが，本来，まとめサイトの運営者と企業との間には，直接の利害関係はなく，まとめサイトの運営者は単にアクセスを得るため，すなわち経済的利益のために問題の記事を投稿したのであり，その対象者（企業）に対して何か恨みがあるわけでもない。そのため，通常は，損害賠償責任が免除されるのであれば，まとめサイトは発信者情報開示請求に任意に応じる可能性が高いといえる。これは削除請求についても同じことがいえる。

　もっとも，何らかの思想や信念に基づき記事を掲載している場合，発信者情報開示請求に応じない可能性もある。このような例は稀であるが，念のため，問題の投稿だけではなく，そのまとめサイトの他の投稿も検討した上で，広告収入以外の動機があるかどうかを確認したほうがよいだろう。

　コンテンツプロバイダが裁判外で発信者情報開示請求に応じるということ，弁護士会照会に応じる可能性もあるということ，特に著作権侵害のケースで顕著であること，あるいは，損害賠償責任を免除する代わりに発信者情報開示請求や削除請求に応じるよう求めること，いずれも最近の傾向（手法）であり，弁護士が知らない可能性もある。そのため，弁護士に依頼する場合は，念のため確認されたい。

8 「コミュニティ」へ「荒らし行為」がされた ケース

(1) 企業のコミュニティサイトと「荒らし行為」

　企業のなかには，顧客同士のコミュニケーション，情報交換や，顧客からの情報提供や顧客サポートのために，インターネット上に掲示板などを設置することがある。このようなコミュニティを設置することは，顧客同士のトラブルの発生原因になったり，あるいは，企業と顧客との距離が近くなりすぎるので，不用意な言動が非難の対象になって炎上の原因になったりするなどのリスクがある。ただし，そのようなリスクがあっても，前記の役割は大きいため，設置する例はいくつかある。

　また，企業の掲示板サイトは，基本的に自由に投稿を受け付け，かつ，事前チェックなしに，投稿をすれば直ちにコメントが反映され，第三者が閲覧可能になる。したがって，無意味な，あるいは不快な内容を大量に投稿されれば，それで掲示板が埋め尽くされて第三者がまともに利用できなくなる。これは，そもそものサイトの性質として，誰の投稿でも受け付ける，受け付けた投稿は事前チェックせずに直ちに掲載されて反映されるという性質に起因しており，完全に防ぐ方法はない。このように，無意味ないし有害な投稿を多数回繰り返すことで，掲示板等の投稿を受け付けるサイトの運営を妨害する行為または行為者を「荒らし」と呼ぶ。

　さて，このようなコミュニティサイトの問題は他のトラブルと比べると少ないが，最近，注目すべき裁判例も出てきているので解説する。

　なお，基本的には顧客向けの掲示板サイトを念頭に置いているが，他のケースでも同様に応用が可能である。たとえば，商品紹介ページに自由にコメント（質問）が投稿できるような仕組みは最近増えているが，そこに大量に無意味な投稿をされるなどのケースにも応用できる。

⑵　法的評価と対応

　企業が運営するサイトに対して荒らし行為をすることは，企業の事業を妨害
することであり，民法上の不法行為に該当する。また，程度によっては，電子
計算機損壊等業務妨害罪（刑法234条の2）に問われる可能性もある。もっとも，
基本的にネット上の不法行為について，捜査機関はあまり積極的ではない。直
接的な脅迫については積極的に捜査をするが，迷惑である，名誉に関わる程度
である行為については，なかなか捜査機関の腰が重いのが現状である。

　そのため，結局，本件においても発信者情報開示請求を検討することになる。
なお，掲示板にしろ，商品ページのコメント欄にしろ，企業が運営管理してい
る以上は，投稿時のIPアドレスや発信時間等については，確保できているは
ずである。したがって，直接，経由プロバイダに対して発信者情報開示請求を
することになる。

　ここで問題になるのが発信者情報開示請求における「情報の流通による権利
侵害」という要件である。

　いわゆる荒らし行為により，無意味ないし不快な投稿で埋め尽くされると，
本来の投稿は閲覧しにくくなり，その利用者も次第にいなくなる。企業は本来
提供しようとしていたサービスを提供できないため，企業の事業を妨害したと
して権利侵害は明らかである。問題は，発信者情報開示請求においては，権利
侵害の明白性があるだけでは足りず，権利侵害が情報の流通により生じている
ことが必要であるという点である。

　この問題をどのように考えるべきか。たしかに荒らし行為による大量の投稿
により閲覧等が困難にはなっているが，それは投稿の内容によるものではなく
て，投稿の存在によるものである。投稿の存在が原因というだけでは，その投
稿が流通したことにより権利侵害が生じたとはいえない。そのため，権利侵害
が情報の流通により生じていることを否定する見解もあり得る。

　一方で，そのような投稿が大量にされることにより，来訪者はその投稿を閲
覧することになり，その投稿を閲覧して不快感を覚えることで，掲示板を利用

しなくなる可能性がある。不名誉な内容が含まれている投稿が閲覧されることで名誉権が侵害されるのと，不名誉な内容ではないが不快な内容であり，掲示板等の利用を避けられ営業権を侵害される場合とを別に扱う必要はない。そのため，情報の流通により権利が侵害されたことを肯定する見解もあり得る。

　この問題について裁判所は肯定する見解を採用している（東京高判平31．2．13 D1-Law.com）。同裁判例は，インターネット上の掲示板を運営している株式会社である原告が，その掲示板に大量のゴキブリ画像を投稿され営業権が侵害されたとして，その投稿者の発信者情報の開示を経由プロバイダに求めたものである。同裁判例によると，「権利侵害が『情報の流通』によって完結していることが必要である。しかしながら，文理に沿って素直に解釈しても，『情報』がそれ自体で被侵害者の権利を侵害するものであること（例えば，情報それ自体が被侵害者の名誉を違法に毀損するものであること）が必要であるとは解されない」ということを理由としている。

　要するに，情報の流通によることが必要かつ十分条件であって，情報の内容自体に，発信者情報開示請求をする者の権利を侵害する内容が含まれていることは必要ではないということである。同裁判例のケースでは，サイトへの来訪者が問題の投稿を閲覧することで不快感等を感じ，サイトの利用を控えることになるため，請求者の営業権を侵害し，権利侵害の明白性においても欠けるところはないとした。

　もとより，権利侵害の明白性と，それが情報の流通によることが必要であるという要件自体がかなり厳格であるから，解釈で安易に要件を限定する必要はないし，不適切である。また，条文上も，情報の流通によることを要件としているだけで，情報の内容そのものが請求者の権利を侵害することを要求していないから，理論的にも妥当である。

　なお，この裁判例は，ゴキブリ画像それ自体が不快感を覚えさせるケースであった。ところが，荒らし行為については不快な内容だけではなく，空白や無意味な文字列など，内容自体に害となるものを含まないケースもある。そのようなケースについても前記の裁判例は，基本的に妥当すると思われる。

すなわち，前記裁判例では，「本件各投稿も，行為としては，公衆に本件掲示板へのアクセスを嫌悪させ，公衆が本件掲示板の利用（閲読・書き込み等）を回避する原因となり，本件掲示板の設置者の業務を妨害することによりその権利を侵害する違法な行為である。当該違法行為は，本件各投稿によって完結している。本件各投稿は，特定電気通信による情報の流通にほかならないから，当該違法行為は，『情報の流通』によって完結している」と判断している。このうち，「公衆に本件掲示板へのアクセスを嫌悪させ，公衆が本件掲示板の利用（閲読・書き込み等）を回避する原因」と判断しているが，ゴキブリ画像という嫌悪感を抱かせるものではなく，空白など無意味な内容であっても，「嫌悪」させるか，少なくとも正常な利用ができなくなり，「公衆が本件掲示板の利用（閲読・書き込み等）を回避する原因」となることには変わりない。したがって，やはり発信者情報開示請求は肯定されることになると思われる。

⑶　**留意点**

まず，費用対効果の問題がある。荒らし行為については，技術的にある程度防御が可能である。そもそも第三者の掲示板に投稿をされたケースと異なり，他ならぬ企業自身のメディアに投稿されているのだから，企業自身で簡単に非表示，削除などの措置をとることができる。そのため，荒らし行為がある都度対処（削除）をすればほとんどコストをかける必要はない。したがって，発信者情報開示請求のような裁判コストを費やす手続をする必要はない。

そのため，このケースで発信者情報開示請求をするのであれば，それなりの効果を期待できる場合に限るべきである。具体的には，荒らし行為が頻発しているなど被害が大きいこと，繰り返されることで，削除や非表示による対応コストが嵩んでいるなどの状況で，「一罰百戒」的な効果を狙うことが考えられる。このようなケースで実際に発信者情報開示請求をして発信者を特定することができれば，「迷惑行為について，このたび，犯人を突き止めることができた」と発表することができる。行為者は「自分も責任を問われるかもしれない」と感じるため，抑止効果を期待することができる。

　次に，実際に発信者情報開示請求をするにしても，証拠の保全などの留意点がある。具体的には，問題の荒らし行為による投稿が表示されている状態をプリントアウトするなどして保存しておく必要がある。この場合，ブラウザの印刷機能を使うことになるが，URL と日付がしっかりと印刷されていることを確認されたい。「コラム⑤：ウェブページを『証拠』にするときの留意点」で触れたが，裁判例では，ウェブサイトを証拠として用いる場合は欄外の URL が重要であるのは「常識」であるとまで述べられている。

　速やかに削除ないし非表示の措置をとりたいところであるが，被害状況を証拠化しておかなければ，権利侵害の明白性の証明に支障が生じる。したがって，まずは現状を証拠化するため，この点は，掲示板等を運営する担当者とも共有しておく必要がある。

9　従業員が加害者であるケース

(1)　想定されるケース

　前記6において，従業員が顧客の個人情報を流出させるなどのトラブルを取り上げた。前記6のケースは，業務に起因して違法な投稿をしてしまうものであるが，全く業務とは関係しないが，休み時間等に従業員が会社の回線を利用して違法な投稿をしてしまう，というケースも多い。

　いまやパソコンは企業の業務に欠かせないものになっている。また，インターネットについても同様である。したがって，各従業員にパソコンが割り当てられ，そのパソコンはインターネットに自由に接続できるようになっているのが通常である。そのため，従業員はその気になれば会社のパソコンと回線を使って違法な投稿をすることができる。一見すると，このようなケースは稀であるように思えるが，実は決して珍しいものではなく，昼休み時間に投稿をしてしまうなどのケースが多いようである。

　投稿の原因については想像にすぎないが，以下のような事情が予想される。まず，昼休み時間に自己のスマートフォンを利用すると自分の通信容量制限を圧迫するが，会社のパソコンであればそのようなことはない。さらに，最近はインターネットに接続する機器としてパソコンをもっていない，スマートフォンしかもっていない者も増えており，「大画面で入力もしやすい快適なインターネット閲覧機器」として，会社のパソコンを利用してしまうということも考えられる。

　もとより，このような投稿は企業からすれば知ることはできない。企業が知るタイミングは，被害者が発信者情報開示請求をして，それについての意見照会が回線契約者である企業に届けられた時点である。したがって，このケースにおいて企業は，「身に覚えのない，会社の事業とも何らの関係もない投稿について，突如として意見照会が来て責任追及される予定であることを知る」と

いう状況になる。

　以下，このケースの対応について解説する。

(2)　対応：従業員の同意が得られる場合

　さて，前記(1)のとおり，このケースでは，会社宛に発信者情報開示請求についての意見照会書が届くところから始まる。

　企業としては，本件については何らの関係もないことである。本質は，投稿したであろう従業員と投稿された者との紛争である。したがって，「一刻も早くその両当事者同士の問題とし，企業としては無関係の立場になる」ことを目指す。具体的には，意見照会書には，必ず問題の投稿が記載されているため，社内において心当たりのある者がいないかを確認し，該当者については申し出るように求めるべきである。ほとんどすべてのケースで従業員が申し出てくるので，後は該当従業員に対して，当事者間で解決するように促すべきである。従業員には，具体的に，「自分が投稿をしたこと」「会社の業務とは関係がないこと」を相手方に伝えるように指示すべきである。

　また，開示に同意をするかしないかが意見照会書には記載されているが，これは従業員の同意を得た上で，開示に同意をしつつ，「備考」欄に，真の投稿者は従業員であること，その者の氏名・住所も記載しておくべきである。

　開示に同意をするのは，迅速に解決するためだけでなく，発信者情報開示請求者に対して，企業が関係ないことを信じてもらうため，企業が巻き込まれないようにするためでもある。また，発信者情報開示請求に用いた弁護士費用は投稿者に請求できるという裁判例（東京地判平24.1.31 判時2154号8頁）があるため，最終的な賠償額を抑えるためでもある。ただし同意しても，費用負担を命じられることもある。

　請求者も，企業が業務として個人的な悪口を記載するわけはなく，記載した本人からも回線の契約者である企業からも，投稿をしたのはその従業員であるとの回答があれば，基本的にはそれを信用して交渉をすることになろう。

(3)　対応：従業員の同意が得られない場合

　このケースは，ほぼ確実に前記(2)のとおり，従業員の協力が得られる。従業員としては，その投稿の相手方に対して怨恨があるなどトラブルがあるとしても，勤務先を巻き込むことは望んでいない。むしろ，勤務先に迷惑をかけたことについて謝罪することが通常である。

　ところが，なかには，従業員が名乗り出ない，あるいはすでに退職しており対応ができないこともあり得る。その場合，どのように対応するかは，とても悩ましい問題である。

　発信者情報開示請求に係る意見照会書への回答については，(2)と同じく，開示に同意しつつ備考欄に，企業であること，そのような投稿は業務として行っていないこと，従業員個人に聞いたが，明らかではなかったことを記載する他はない。

　法的評価としては，企業が投稿について責任を負うことは基本的にはない。ネット上の表現トラブルの原則は，投稿者本人だけが責任を負担し，その回線の契約者は責任を負わないのが原則だからである。これについて，前掲の東京地裁の裁判例においては，投稿者の勤務先の企業も被告になっているが，その責任は否定されている。

　また，政党支部が契約している回線から違法な投稿をした事案において，政党支部の責任を否定した裁判例もある（東京地判平26．3．25 D1-Law.com。ただし，投稿者は政党支部の従業員ではなかった事例である）。同裁判例は，「原告は，本件書き込みの実行行為者は被告選挙区支部であると主張するが，本件書き込みに使用されたインターネット回線が被告選挙区支部の名義で契約されているものであるからといって，そのことから直ちに，当該行為の主体が被告選挙区支部であるということはできず，他にこれを認めるに足りる証拠はない」と判断しており，要するに，回線契約者だからといって直ちに投稿者である，主体であるとはいえないと判断している。

　ある意味当然の判断であり，また，「コラム⑧：発信者情報≠発信者の情報」

で述べたように，発信者情報開示請求で開示される発信者情報というのは，あくまで発信者の特定に役に立つ情報という意味で，発信者の情報そのものに限定される趣旨ではない。

　もっとも，この種の事案は，書き込まれた者つまり被害者の被害意識が非常に強いことが多い。したがって，あえて企業に対して賠償請求訴訟を提起してくる可能性もある。公刊された裁判例のなかには，そのような事例は見当たらない（そもそも困難な主張であるからと思われる）が，万が一提訴された場合は，前記の発信者情報開示請求で開示される「発信者情報」は必ずしも「発信者の情報」ではないこと，誰が発信者であるかの立証責任は請求する原告にあることを主張しつつ応訴することになる。

第5章

ネット時代の
企業法務担当者の役割

1 法律問題の帰趨を決めるもの

　法律問題というと，法解釈が帰趨を決めるという印象が強い。もちろん，そのような事件もないではない。むしろ，判例集などに掲載され，教科書で紹介される事件のほとんどは，法解釈がその勝敗を分けたケースである。しかしながら，実際に日常の法務で取り扱うような案件は事実が事件の帰趨を決めるものがほとんどである。

　たとえば，注文に応じて製作して納品した物について取引先から苦情が来たとする。取引先が注文した内容と違う，水準に達していないと主張して返金や賠償を請求する一方，当方の認識は異なる。つまり，納品物には問題がないと当方は主張している場合を考えてみる。この場合，法律上，問題のないものを納品する義務があることに争いはない。そこに法解釈の問題は存在しない。しかし，事実として，納品した物に問題があるかないかには争いがある。また，契約上，納品物について，どこまでの水準を要求して合意したかも争いになる。これは，契約つまり合意内容の問題であるので，これも事実の問題といえる。

　このように，事実こそが法律問題の帰趨を決めるが，事実を一番知っているのは，当事者ら本人である。弁護士でもなければ裁判官でもない。よく，事実認定の困難さなどを指して「真実は神のみぞ知る」などという言葉がもち出されるが，特に法律事件においては，この言葉は正確ではない。真実については，神だけではなくて当事者も知っているのである。また，当事者の事実主張が食い違うのであれば，裁判所は証拠から事実を認定する。さらに，裁判をするかどうか，和解をどのような条件でするかを決めるにあたっては，見通しをつける必要がある。その場合，当事者も証拠から事実認定をして見通しをつけるが，証拠についてもっとも詳しいのも基本的には当事者である。

　したがって，実は法律問題は法律が主役ではなくて，むしろ事実と証拠が主役であり，法律家ではなく当事者こそが主役であるといえる。

❷　当事者の重要性と企業の法務担当者

　当事者が事実や証拠についてもっとも詳しいのであれば，当事者こそが，法律事件の帰趨を決める上で最重要であるということがいえる。これは，企業法務の場面でも，あるいは純粋な個人間の紛争でも全く変わらない。

　しかし，個人間の紛争において当事者が法律に詳しいことは珍しいが，企業間の紛争において当事者（企業の法務担当者）が法律に詳しく，少なくとも詳しいことは期待されている。個人間の紛争であれば，そのような法律があることを知らなかった，裁判でそのように認定されるとは予想していなかったなども理解されるだろう。しかし，企業の法務担当者は，そのような失敗を防ぐために配置され仕事を委ねられているのだから，そのような弁解は容易には理解されない。企業の法務担当者であれば，それぞれの取引，契約について，法律を熟知し，自らに有利なように，紛争を予防するように配慮することが求められる。

　したがって，企業の法務担当者は，当事者として重要であるだけではなくて，その責務として，紛争発生の防止や，仮に紛争になった場合に「勝率」を上げることを強く期待されているといえる。

❸ 弁護士と企業の法務担当者

　ネット上の表現トラブルについては，従業員への教育や，誹謗中傷に対抗するための証拠の準備（たとえば，サービス残業があるとの投稿に対抗するために，労働時間管理の体制を整えるなど），削除請求など，企業の法務部限りで対応できる範囲も広く，かつ，内部でないと対策できない事項も多い。しかしながら，発信者情報開示請求については，多くのプロバイダ（特に経由プロバイダはほぼすべて）は裁判外で開示に応じないのが実情である。そのため，必然的に訴訟が必要になり，法務部員といえども訴訟の代理人はできないため，（法務部員が弁護士登録をしていない限り，）外部の弁護士に依頼することが必要になる。

　多くの弁護士が口を揃えて言うことであるが，事件がスムーズに，そして良い結果で解決するためには，依頼者の協力が必要不可欠である。弁護士にとって，依頼者より希望を明確に伝えてもらい，必要な事情を話してもらうことはもちろん，合理的な決断をしてもらう（不合理な判断に固執しない）ことも重要である。どのような事件でも，弁護士と依頼者は二人三脚であり，それは企業法務の場面においても少しも変わらない。法的には，弁護士の依頼者は法人である会社であるが，実際に弁護士と接するのは，企業の法務担当者である。そのため，実質的な依頼者は法務担当者であるともいえる。したがって，弁護士がその実力を十分に発揮するためには，実質的な依頼者である企業の法務担当者の役割が非常に大事ということになる。

4 まとめ：企業の法務担当者が弁護士を使いこなすために

　弁護士にとって実質的な依頼者である企業の法務担当者が重要なのは，どの事件でも変わりはない。しかし，ネット上の表現トラブルにおいては，特に重要である。外部の弁護士を自由に使いこなすためにも，以下のような点に留意していただきたい。

　第1に，費用対効果やリスクを想定するということである。ネット上の表現トラブルにおいては，主要な法的手段は削除請求と発信者情報開示請求，そしてそれに続く損害賠償請求しかない。

　ケースによっては，いわゆる炎上を起こして，余計に被害が拡大してしまうことがあり，被害者側は，一方的に中傷を書き込まれただけだから，できることは何でもやりたいというのは自然な感情である。

　ネット上の表現トラブルは，被害者の被害意識が非常に強い分野であり，特に個人の場合は顕著である。被害者が企業，つまり法人であっても，会社の代表者や，投稿の標的にされた事業の担当者の被害感情が強いことは珍しくない。ネット上の表現トラブルにおいては，加害者が自分の身を隠して危害を加える，被害者は反論が難しく被害は大きい，という性質がある。このような「卑怯な」加害行為に対しては，被害感情が強くなるのもやむを得ない。

　しかし，繰り返しになるが，発信者情報開示請求のハードルは非常に高く削除請求も難しい場合がある。また，失敗した場合のリスクも大きい。発信者情報開示請求の訴訟をして請求棄却された場合には，その投稿について，裁判所がお墨付きを与えたようなことになってしまい，同種のさらなる投稿を招きかねない。

　また，仮に発信者情報開示請求が認容され，晴れて加害者を突き止めて賠償請求をしたところで，賠償金額は非常に低いのが実情である。弁護士費用すら賄えない程度になることも珍しくない。このように，ケースによってはリスク

に見合わず，費用倒れも十分にあり得る。したがって，非常に腹立たしい，許せないが，法的措置を断念せざるを得ないケースもあり，弁護士としても心苦しく思うことはしばしばある。企業の法務担当者としても，他の役職者等によく説明をして，費用対効果とリスクの問題について理解を得られるようにされたい。

　第2に，最初から落としどころを決めておくことである。ネット上の表現トラブルにおいては，特に被害者が企業の場合は，よく考えておく必要がある。

　賠償額が低く抑えられてしまうのが裁判例の現状である以上は，「賠償請求の裁判をやって，判決をもらう」まで行うことが適切ではないこともある。低い金額の判決があったという情報が出回ると，同種の投稿をした者に「安心」を与えてしまうことになり，それならばと投稿を続けてしまおう，あるいはそうでなくても判決ではなく和解による解決の支障になる。

　通常，企業が当事者の場合，賠償金でコストを回収できないことが多いため，金額面で譲歩をしても，投稿者に2度と同様の投稿をしないことの誓約を求める，同種の投稿の事実などについて確認をするなど，金銭以外の条件を課して履行させたほうが合理的なことが多い。企業の法務担当者としては，金銭，金額，完全な被害回復にこだわらず，非金銭的な解決もぜひ選択肢に入れるべきである。

　第3に，「投稿された事実は存在しない」という証明が求められており，そのための資料を準備する必要がある。

　たとえば，サービス残業や，ハラスメントが横行しているという投稿をされた場合，会社としては，そのような事実がないか，少なくとも，存在をうかがわせない程度の証明をしなければ，発信者情報開示請求は認められない。通常の名誉毀損と逆の構造であり，本書で繰り返し述べてきた。

　実務上この証明がネックになることが多く，実際にサービス残業もハラスメントもない企業であっても非常に難しい。また，これは企業内部の事情であるので，弁護士からも「このような資料はないですか？」と質問しづらい。したがって，このようなネガティブな事実について，存在しないことをうかがわせ

る事情は，積極的に弁護士に提示されたい。具体的にどのようなものが考えられるかは，第4章でそれぞれ述べたとおりである。裁判所は意外にも，企業の体制や準備内容を重視する。サービス残業がないことについては，タイムカードの打刻の徹底が重視されるし，ハラスメント関係については，防止のための研修などを実施しているかどうかが重視される。

　このような体制整備や，研修の実施は，しばしば「アリバイ作り」のような感を与えかねないが，企業が特にその労働環境について中傷を投稿された場合，勝敗を決定的に分ける事情である。タイムカードであれば写しの記録があるだろうし，研修を依頼したのであれば，依頼状，委嘱状の控えなどがあるので，ぜひ積極的に提出するようにされたい。

　最後に，弁護士と相談した結果，削除請求や発信者情報開示請求が難しく，結論として請求を断念した場合でも，それを今後に生かすようにされたい。

　通常，個人間の誹謗中傷の場合，プライバシーが侵害されている，名誉毀損されているなど，投稿の内容だけが問題になる。したがって，被害者がいくら頑張っても，削除請求や発信者情報開示請求ができるかどうかの結論は，基本的には動かない。

　一方で，企業に対する中傷の場合，その多くは，企業活動や労働環境，商品・サービスに関するものである。したがって，それらについては，真実でないことの証明ができれば，削除請求や発信者情報開示請求が認容される可能性がある。たとえ今回の投稿について，真実に反することの証明ができる程度の資料が揃えられず，発信者情報開示請求ができないとしても，何が足りなかったのかがわかれば今後に備えることができる。たとえば，サービス残業が横行しているとの投稿について，タイムカードの準備が十分にできていなければ，今回の投稿については責任追及ができないが，今回をきっかけに整備をすれば，似たような投稿が再びされた場合に，加害者へ責任追及をすることができるようになる。

　企業に関するネット上の表現トラブルについては，企業の法務担当者の役割が重要であるということ，その理由は，事前の準備をしないと対応できないこ

とが多いと，本書では繰り返し述べてきた。事前の準備はもちろん大事であるが，仮にそれを欠いていても次回に生かすことは可能である。企業に対するネット上の中傷は，労働環境に関するものが集中しており，次が商品・サービスに関するものである。ある程度パターン化しており，「次に生かす」ことがやりやすい分野といえる。

《著者略歴》

深澤　論史（ふかざわ　さとし）

服部啓法律事務所　弁護士（第二東京弁護士会）。
明治大学法学部卒業，東京大学法科大学院修了。コンピュータ，ソフトウェア，インターネットの表現トラブルにまつわる事件や，弁護士法令に関する案件を主に取り扱う。著書に『その「つぶやき」は犯罪です』（共著，新潮社，2014），『これって非弁提携？　弁護士のための非弁対策 Q&A』（第一法規，2018），『Q&A 弁護士業務広告の落とし穴』（第一法規，2018），『インターネット権利侵害 削除請求・発信者情報開示請求"後"の法的対応 Q&A』（第一法規，2020），『弁護士「セルフブランディング×メディア活用」のすすめ』（共著，第一法規，2020），『先を見通す捜査弁護術』（共著，第一法規，2018），『弁護士　独立・経営の不安解消 Q&A』（共著，第一法規，2016）がある。

《事務所紹介》

服部啓法律事務所（はっとりけいほうりつじむしょ）

2011年12月設立。
現在，服部啓一郎，深澤論史の弁護士2名で共同運営。
ＩＴ案件，弁護士法案件，労働案件，刑事事件が現在の中心業務。
顧問先企業は，IT 企業，広告代理店，芸能事務所など。
事務所ウェブサイト　http://hklaw.jp

インターネット・SNSトラブルの
法務対応

2020年 3 月15日　第 1 版第 1 刷発行
2020年10月30日　第 1 版第 2 刷発行

著　者　深　澤　諭　史
発行者　山　本　　　継
発行所　㈱　中　央　経　済　社
発売元　㈱中央経済グループ
　　　　パ ブ リ ッ シ ン グ

〒101-0051　東京都千代田区神田神保町1-31-2
電　話　03(3293)3371(編集代表)
03(3293)3381(営業代表)
http://www.chuokeizai.co.jp/
印刷／東光整版印刷㈱
製本／㈲井上製本所

ⓒ 2020
Printed in Japan